El arte de la coreano-estadounidense

100 recetas tradicionales coreanas con un toque americano moderno

Rosa Crespo

Reservados todos los derechos.

Descargo de responsabilidad

La información contenida en este libro electrónico pretende servir como una colección integral de estrategias exploradas por el autor de este libro electrónico. Los resúmenes, las estrategias, los consejos y los trucos son solo recomendaciones del autor, y leer este libro electrónico no garantiza que sus resultados reflejen con precisión los hallazgos del autor. El autor del eBook ha realizado todos los esfuerzos razonables para brindar información actualizada y precisa a los lectores del eBook. El autor y sus colaboradores no se hacen responsables de los errores u omisiones no intencionales que puedan encontrarse. El material del eBook puede contener información de terceros. Los materiales de terceros contienen opiniones expresadas por sus propietarios.

El eBook es Copyright © 2024 con todos los derechos reservados. Es ilegal redistribuir, copiar o crear obras derivadas de este libro electrónico en su totalidad o en parte. Ninguna parte de este informe puede ser reproducida o redistribuida de ninguna forma sin el permiso expreso y por escrito firmado del autor.

TABLA DE CONTENIDO

TABLA DE CONTENIDO 3

INTRODUCCIÓN 8

SOPAS 9

   1. Sopa de tofu coreano-estadounidense 10

   2. Sopa de algas coreana-americana 12

   Tiempo de preparación: 15 minutos 13

   3. Sopa De Arroz Con Camarones 14

   Tiempo de preparación: 120 minutos 15

   4. Sopa De Bacalao Seco 16

   5. Sopa de pechuga de res y callos 19

   Tiempo de preparación: 120 minutos 20

   6. Sopa De Brotes De Soja 21

   7. Sopa De Pollo Y Ginseng 23

   Tiempo de preparación: 20 minutos 24

   8. Sopa De Fideos De Arroz Y Carne De Res 25

   Tiempo de preparación: 30 minutos 26

   9. Sopa De Fideos Cortada A Cuchillo Coreano-Americana 27

   10. Sopa De Cuello De Cerdo 29

   Tiempo de preparación: 120 minutos 30

PLATO PRINCIPAL 32

   11. Gyeranbap con algas asadas 33

   12. bulgogi de ternera 35

   13. Costillas a la barbacoa coreana-americana 37

   Tiempo de preparación: 15 minutos 38

   14. Pollo Coreano-Americano 39

   Tiempo de preparación: 45 minutos 40

   15. bistec coreano-americano 42

   16. Fideos Chap Chee 44

17. Cerdo marinado picante coreano-estadounidense..................47
Tiempo de preparación: 45 minutos..................48
18. Filete de flanco marinado coreano-americano..................50
Tiempo de preparación: 15 minutos..................51
19. Chuletas De Cordero Dulce A La Parrilla Con Especias..................52
Tiempo de preparación: 15 minutos..................53
20. Muslos De Pollo Asado Coreano-Americano..................54
Tiempo de preparación: 10 minutos..................55
21. Pollo picante coreano-americano y patata..................56
Tiempo de preparación: 15 minutos..................57
FIDEOS..................58
22. Ensalada De Fideos De Frijol Mungo..................59
Tiempo de preparación: 15 minutos..................60
23. Fideos De Camote Y Salteado De Res..................62
Tiempo de preparación: 15 minutos..................63
24. Fideos Fríos Picantes..................65
Tiempo de preparación: 15 minutos..................66
25. Fideos con Salsa de Frijoles Negros..................67
Tiempo de preparación: 30 minutos..................68
26. Tazón de fideos con pollo coreano-americano..................70
Tiempo de preparación: 30 minutos..................71
27. Fideos picantes con huevo y pepino..................73
Tiempo de preparación: 10 minutos..................74
28. Fideos Fríos Coreano-Americanos..................75
Tiempo de preparación: 15 minutos..................76
29. Ensalada picante de caracol coreano-americano..................77
Tiempo de preparación: 20 minutos..................78
30. Fideos De Soba Picantes..................80
Tiempo de preparación: minutos..................81
31. Fideos coreano-americanos con verduras..................83
Tiempo de preparación: 15 minutos..................84

COMIDA CALLEJERA Y SNACKS...85
32. Hotteok con Verduras y Fideos..86
Tiempo de preparación: 30 minutos..87
33. Pan de huevo...89
Tiempo de preparación: 10 minutos..90
34. Pastel de Arroz Caliente y Picante...91
Tiempo de preparación: 10 minutos..92
35. Panqueques De Mariscos Coreano-Americanos.......................................93
Tiempo de preparación: 15 minutos..94
36. Sándwich Bulgolgi Vegano...96
Tiempo de preparación: 20 minutos..97
37. Pastel coreano-americano de tocino y huevo...99
Tiempo de preparación: 25 minutos..100
38. Arroz al curry coreano-americano...102
Tiempo de preparación: 20 minutos..103
39. Rollo de huevo de cebra..104
Tiempo de preparación: minutos...105
40. Pasteles coreano-americanos de nueces con estufa...............................106
41. Sándwich de tostadas callejeras..108
Tiempo de preparación: 15 minutos..109
42. Vegetales Fritos..111
Tiempo de preparación: minutos...112
POSTRES..114
43. Panqueques Dulces Coreanos-Americanos...115
Tiempo de preparación: 25 minutos..116
44. Peras escalfadas con miel coreana-americana..118
45. Sorbete helado de leche coreano-estadounidense.................................120
Tiempo de preparación: 3 minutos..121
46. Brochetas De Pastel De Arroz Coreano-Americano.................................122
Tiempo de preparación: 10 minutos..123
47. Pastel coreano-americano de fresas y kiwi...125

48. Postre Yakwa Coreano-Americano..................128
Tiempo de preparación: 25 minutos..................129
49. Pudín de tapioca coreano-americano..................131
Tiempo de preparación: minutos..................132
50. Pastel de arroz picante coreano-estadounidense..................133
51. Peras al Horno en Wonton Crisps y Miel, Canela Mascarpone..................135
Tiempo de preparación: 20 minutos..................136
52. Pastel De Arroz Dulce Saludable..................137

ALMUERZO CALIENTE..................139

53. Tazones de burrito de pollo..................140
54. Pollo tikka masala..................143
55. Cuencos de pollo griego..................146
56. Tazones de carne de res preparados para comidas coreano-estadounidenses 149
57. Sopa de pollo y ramen en tarro de albañil..................152
58. Boloñesa a la boloñesa..................155
59. Lasaña en tarro de albañil..................158
60. Sopa desintoxicante de miso y jengibre..................161
61. batatas rellenas..................164
62. Patatas Rellenas De Pollo Coreano-Americano..................166
63. Patatas Rellenas De Kale Y Pimiento Rojo..................168
64. Patatas Rellenas De Pollo A La Mostaza..................170
65. Patatas Rellenas De Frijoles Negros Y Pico De Gallo..................172
66. Fideos de calabacín con albóndigas de pavo..................175
67. Albóndigas Fáciles..................178
68. Sopa de 3 Ingredientes..................180
69. Salsa De Pavo En Olla De Cocción Lenta..................182
70. Burrito-Bowl-In-A-Jar..................184

ALMUERZO FRÍO..................185

71. Tazones de preparación de comida de carnitas..................186
72. Ensalada de perros calientes de Chicago..................189

73. Tazones de taco de pescado..................192
74. Ensalada de mazorca de cosecha..................195
75. Ensalada cobb de coliflor buffalo..................198
76. Tazones de fuente de grano de col de bruselas y remolacha de tarro de albañil 201
77. Ensalada de brócoli en tarro de masón..................204
78. Ensalada de pollo en tarro de albañil..................206
79. Ensalada china de pollo en tarro de albañil..................208
80. Ensalada niçoise en tarro de albañil..................210
81. Tazones de atún picante..................213
82. Ensalada de mazorca de bistec..................216
83. Cuencos nutritivos de camote..................219
84. Tazones de buda de pollo tailandés..................221
85. Wraps tailandeses de pollo con maní..................224
86. Molinillos de pavo y espinacas..................227
87. Ensalada de tacos de pavo..................229
88. Ensalada de tarro de albañil muy verde..................231
89. Tazones de rollitos de primavera de calabacín..................233

ENSALADAS..................235

90. Verduras con chile y lima..................236
91. Pasta al limón con brócoli y calabacín..................239
92. Berenjena, Patata & Garbanzo..................241
93. Ensalada de col rizada y aderezo cremoso..................244
94. Bruselas, zanahoria y verduras..................246
95. Fritura De Coliflor Y Brócoli..................248
96. Pasta de espárragos y calabacín..................250
97. Tomates Rellenos De Vegetales..................252
98. Ratatouille de berenjenas..................254
99. Champiñones y espinacas..................256
100. Espinacas cítricas con pimienta negra..................258

CONCLUSIÓN..................260

INTRODUCCIÓN

La comida es más que un simple sustento: es un puente entre culturas, una narradora de tradiciones y una celebración de la identidad. Este libro de cocina es un viaje a través de los vibrantes sabores de la cocina coreana, cuidadosamente infundidos con la reconfortante esencia de la cocina estadounidense.

Como coreano-estadounidense, crecí navegando entre dos mundos: uno arraigado en la rica herencia de Corea, con sus audaces especias, tesoros fermentados y platos conmovedores, y el otro moldeado por la diversa e innovadora cultura gastronómica de Estados Unidos. Este libro une estos dos mundos, ofreciendo recetas que honran la tradición mientras adoptan la creatividad moderna.

En el interior, encontrará platos que reflejan esta hermosa fusión: platos básicos coreanos clásicos reinventados con un toque estadounidense y favoritos estadounidenses elevados con un toque de estilo coreano. Desde hamburguesas inspiradas en bulgogi hasta macarrones con queso y kimchi, cada receta está diseñada para ser accesible y a la vez auténtica, combinando lo mejor de ambos paisajes culinarios.

Ya sea que esté redescubriendo su herencia, explorando los sabores coreanos por primera vez o simplemente buscando expandir sus horizontes culinarios, este libro de cocina es para usted. Entremos en la cocina y creemos algo delicioso que nos conecte, un plato a la vez.

SOPAS

1. <u>**Sopa de tofu coreano-estadounidense**</u>

Tiempo de preparación: 15 minutos
Tiempo de cocción: 20 minutos
Raciones: 4 personas

INGREDIENTES
- 1 cucharada de pasta de ajo
- 3 ½ tazas de agua
- ½ cucharada de gránulos de dashi
- 3 cucharadas de pasta de tofu coreano-estadounidense
- 1 calabacín, cortado en cubitos
- ¼ de libra de champiñones frescos, en cuartos
- 1/ cucharada de pasta de pimiento picante coreano-estadounidense
- 1 patata, pelada y cortada en cubitos
- 1 paquete de 12 onzas de tofu suave, en rodajas
- 1 cebolla, picada

DIRECCIONES
a) Agregue el agua a una sartén grande, agregue el ajo, el pimiento picante y las pastas de cuajada.
b) Caliente hasta que hierva y siga hirviendo durante 2 minutos para ayudar a disolver las pastas.
c) A continuación, agregue la patata, la cebolla, el calabacín y los champiñones, mezcle y deje hervir durante otros 6 minutos.
d) Por último añadir el tofu, una vez este haya aumentado de tamaño y las verduras estén blandas, servir en los cuencos y disfrutar.

2. **Sopa de algas coreana-americana**

Tiempo de preparación: 15 minutos

Tiempo de cocción: 30 minutos
Raciones: 4 personas

INGREDIENTES
- 2 cucharaditas de aceite de sésamo
- 1 paquete de 1 onza de algas marrones secas
- 1 ½ cucharadas de salsa de soya
- ¼ de libra de solomillo de res, picado
- 6 tazas de agua
- 1 cucharadita de sal
- 1 cucharadita de ajo picado

DIRECCIONES
a) Coloque las algas en un recipiente con agua y tape, déjelas en remojo hasta que se ablanden, luego córtelas en trozos de 2 pulgadas de largo.
b) Coloque una sartén al fuego, luego agregue el aceite, la sal al gusto, la carne de res y ½ cucharada de salsa de soja, mezcle revolviendo durante 1 minuto.
c) A continuación, mezcle las algas con el resto de la salsa de soja, cocine durante 1 minuto más.
d) Ahora agregue 2 tazas de agua y caliente hasta que comience a hervir.
e) Echar el ajo con el resto del agua, una vez que vuelva a hervir, bajar el fuego y cocinar a fuego lento durante 20 minutos.
f) Corregir la sazón y servir.

3. <u>Sopa De Arroz Con Camarones</u>

Tiempo de preparación: 120 minutos

Tiempo de cocción: 32 minutos
Raciones: 3 personas

INGREDIENTES

- 1 cucharada de aceite de sésamo
- 2 tazas de arroz blanco
- 1 cucharada de vino de arroz
- 9 onzas de camarones, sin cáscara y sin venas
- 12 tazas de agua
- Condimento al gusto

DIRECCIONES

a) Tome el arroz y enjuáguelo, colóquelo a un lado durante 120 minutos.
b) Añadir el aceite a una sartén y calentar, una vez caliente verter las gambas con el vino de arroz y cocinar durante un minuto, luego añadir el arroz, revolver y sofreír durante 1 minuto más.
c) Coloque el agua y caliente hasta que hierva, una vez que el arroz se haya expandido a 3 veces el tamaño, baje el fuego.
d) Cocine por otros 10 minutos.
e) Corregir la sazón y servir aún caliente.

4. Sopa De Bacalao Seco

Tiempo de preparación: 25 minutos
Tiempo de cocción: 30 minutos
Raciones: 2 personas

INGREDIENTES
- 9 onzas de tofu suave
- 2 – 3 tazas de abadejo seco
- 2 dientes de ajo, picados
- 3 cebolletas
- 3 ½ cucharadas de aceite de sésamo
- 3 ½ tazas de Dashida, caldo de sopa coreana
- Sal al gusto
- 1 huevo
- 5 tazas de agua
- Brotes de soja, si lo desea
- Hojuelas de pimiento rojo si lo desea

DIRECCIONES
a) Cortar el pescado en tiras finas, de aproximadamente 1 ½ pulgadas de largo.
b) Calienta el aceite en una sartén y fríe las tiras de pescado durante 3 minutos.
c) A continuación, vierta el agua con el caldo coreano-americano y el ajo, coloque una tapa y caliente hasta que hierva, luego baje el fuego.
d) Corte el tofu en trozos de ½ pulgada y agréguelo a la sartén.
e) Si usa brotes de soja, agréguelos ahora.
f) Vuelva a colocar la tapa y cocine por 15 minutos.
g) Bate el huevo, usando un tazón pequeño.
h) Agregue a la sopa, mezcle bien, ahora agregue las cebolletas, cortadas en trozos de 1 pulgada.
i) Cocine por otros 2 minutos y corrija la sazón.
j) Plato caliente.

k) Espolvoree con hojuelas de pimienta si lo desea.
l) Se puede comer con arroz al vapor.

5. <u>**Sopa de pechuga de res y callos**</u>

Tiempo de preparación: 120 minutos

Tiempo de cocción: 360 minutos
Raciones: 10 personas

INGREDIENTES
- 1 cebollín, picado para cada plato de servir
- 1 paquete de huesos de rabo de toro incluyendo carne, supermercado coreano-americano
- Condimento al gusto
- 1 ½ galones de agua

DIRECCIONES
a) Añadir el rabo de toro a un bol con agua y dejar en remojo, eliminando el exceso de sangre, cambiar el agua 2-3 veces.
b) Cuando esté listo, agregue los huesos a una olla grande y cúbralos con 1 ½ galones de agua.
c) Ponga en la estufa y cocine 6 horas mínimo, cuanto más tiempo cocine mejor será el sabor y la carne.
d) Mientras se cocina, siga quitando el aceite que aparece en la parte superior, mantenga el nivel del agua alrededor de 1 galón mientras cocina.
e) Una vez hecho, el color debe tener un aspecto cremoso.
f) Corregir la sazón.
g) Servir en cuencos con el rabo de toro y esparcir las cebolletas picadas por encima.

6. Sopa De Brotes De Soja

Tiempo de preparación: 10 minutos
Tiempo de cocción: 30 minutos
Porciones: 2-3 personas

INGREDIENTES
- 1 cebollín, picado
- 2 tazas de brotes de soja
- 2 cucharadas de salsa de soya
- 2 dientes de ajo, picados
- 5 tazas de agua
- 1 cucharada de aceite de sésamo
- 1 – 2 cucharadas de hojuelas de pimiento rojo, si lo desea
- 1 cucharadita de sal

DIRECCIONES
a) Limpiar el brote de soja en agua, luego escurrir, quitar las partes no deseadas.
b) Agrega el aceite a una olla y cuando esté caliente fríe los ajos agregando la salsa de soya al mismo tiempo, cocina por 3 minutos.
c) Vierta el agua y coloque los brotes y sazone, caliente hasta que comience a hervir.
d) Ahora baje el fuego y cocine a fuego lento durante 20 minutos con la tapa puesta.
e) Si desea agregar hojuelas de pimiento rojo, hágalo 5 minutos antes de que finalice la cocción.
f) Retirar del fuego y servir en cuencos con la cebolleta picada por encima.

7. <u>Sopa De Pollo Y Ginseng</u>

Tiempo de preparación: 20 minutos
Tiempo de cocción: 25 minutos
Raciones: 4 personas

INGREDIENTES
- 2 cucharadas de ajo, picado fino
- 1 cucharadita de semillas de sésamo
- 2 cucharadas de jengibre fresco, picado fino
- 8 tazas de caldo de pollo
- 1 cucharada de salsa de soja
- 1 – 2 cucharaditas de pasta de chile rojo
- ½ taza de arroz
- 1 cucharadita de aceite de sésamo tostado
- 2 cebolletas, picadas finas
- 1 taza de pollo cocido deshebrado

DIRECCIONES
a) Freír las semillas durante 1 minuto, hasta que estén doradas en una sartén seca, luego reservar.
b) Usando una olla grande, agregue el ajo, el caldo y el jengibre y caliente hasta que hierva.
c) Una vez que hierva, mezcle la pasta de chile, la soya y el aceite de sésamo.
d) Coloque el pollo y caliente hasta que se caliente.
e) Coloque la sopa en los tazones para servir y termine con las cebolletas y las semillas por encima.

8. Sopa De Fideos De Arroz Y Carne De Res

Tiempo de preparación: 30 minutos

Tiempo de cocción: 75 minutos
Raciones: 8 personas

INGREDIENTES
- $\frac{1}{2}$ rábano coreano-americano entero
- $\frac{1}{2}$ libra de bistec de costilla de res
- $\frac{1}{4}$ de libra de fideos chinos
- 1⅓ libra de pierna de res
- 5 dientes de ajo
- 1 cebollín, grande y picado
- Condimento al gusto

DIRECCIONES
a) Tome la carne y córtela en trozos del tamaño de la boca.
b) Cortar el rábano en dos trozos.
c) Ahora hervirlos juntos usando una olla grande con 30 tazas de agua, una vez que hierva baje el fuego y cocine a fuego lento durante 60 minutos.
d) Una vez que la carne esté tierna, retírela del caldo, junto con el rábano, deje que el caldo se enfríe, quitando el exceso de grasa.
e) Cuando puedas manipular el rábano, córtalo en rodajas de $\frac{1}{8}$ de grosor.
f) Vuelva a colocar la carne con el rábano en rodajas en el caldo y vuelva a hervir esta vez agregando los fideos.
g) Eche las cebolletas y corrija la sazón con sal y pimienta.
h) Sirva en tazones de sopa y disfrute.

9. Sopa De Fideos Cortada A Cuchillo Coreano-Americana

Tiempo de preparación: 15 minutos
Tiempo de cocción: 25 minutos
Raciones: 4 personas

INGREDIENTES

½ cucharadita de ajo picado
4 ½ tazas de anchoas secas y caldo de algas marinas o agua
½ cucharadita de sal marina fina
1 cucharadita de salsa de soya
Agua para cocer los fideos
1.7 onzas de zanahoria, cortada en tiras finas
10 onzas de kalguksu o fideos ramen
1.4 onzas de champiñones shitake, en rodajas finas
3.5 onzas de calabacín, cortado en rodajas finas
3.5 onzas de camarones, sin cabeza ni cola, desvenados
4.5 onzas de almejas de cuello pequeño frescas o congeladas, limpias
1 cebollín, picado

DIRECCIONES

1. Coloca dos ollas en la estufa, una con agua para los fideos y calienta hasta que hierva. El otro usa una olla grande y agrega el caldo de algas marinas o agua y lleva a ebullición.
2. Cocine los fideos durante 3 minutos, cuele y enjuague cuando estén listos y colóquelos a un lado.
3. En la olla principal agregue las zanahorias, los champiñones y el calabacín, cocine por 2 minutos y luego deje caer las almejas y los camarones por otros 2 minutos.
4. Por último, agregue los fideos y mezcle.
5. Una vez caliente servir en cuencos.
6. Nota. Si usa agua en lugar de caldo, agregue más salsa de soya y condimentos para darle más sabor.

10. <u>Sopa De Cuello De Cerdo</u>

Tiempo de preparación: 120 minutos
Tiempo de cocción: 120 minutos
Raciones: 4 personas

INGREDIENTES
1 cebolla pequeña
cuello de cerdo de 3 libras
10 granos de pimienta negra
1 trozo de jengibre fresco del tamaño de un pulgar, pelado
3 cucharadas de polvo de semilla de perilla
10 dientes de ajo
3 cucharadas de vino de arroz
1 cucharadita de jengibre molido
3 cucharadas de pimiento rojo coreano-americano en polvo
3 cucharadas de salsa de pescado
4 papas cremosas pequeñas, peladas
1 manojo de col china o bok choy
5 cebolletas, picadas
Condimento al gusto
10 hojas de perilla

DIRECCIONES
1. Coloque la carne de cerdo en agua y remoje durante 120 minutos, limpie el agua después de 60 minutos.
2. Una vez lista, poner la carne en una olla grande, cubrir con agua y calentar hasta que hierva, dejar hervir por 6 minutos.
3. Ahora cuele el agua y enjuague la carne con agua fría.
4. Limpiar la olla, luego volver a agregar la carne y poner suficiente agua para cubrirla.
5. Deje caer la cebolla entera, 4 dientes de ajo, el jengibre y los granos de pimienta, caliéntelos hasta que hierva, baje el fuego a fuego lento y cocine por 90 minutos.

6. Mientras tanto, mezcle el vino de arroz, el polvo de semillas de perilla, el pimiento rojo, la salsa de pescado, 6 dientes de ajo y el jengibre en polvo.
7. Cuando la salsa esté bien mezclada, reservar.
8. Cuando esté listo, saque el cerdo del caldo y déjelo a un lado.
9. Retire el jengibre, la cebolla, los granos de pimienta y el ajo, ahora devuelva la carne de cerdo.
10. Echar las patatas con la salsa y mezclar, sazonar y cocinar 20 minutos más.
11. Por último, agregue las hojas de perilla y el repollo, cocine durante 2-3 minutos.
12. Sirva en tazones con las cebolletas y la pimienta negra por encima.

PLATO PRINCIPAL

11. Gyeranbap con algas asadas

Sirve 1

INGREDIENTES
- 1 taza de arroz blanco cocido, preferiblemente fresco
- 2 cucharaditas de aceite de sésamo tostado
- ¾ cucharadita de salsa de soya, y más al gusto
- 2 huevos grandes
- 1 paquete de gim (5 gramos), triturado con las manos
- Alcaparras, para servir
- Pimienta negra recién molida

Instrucciones

a) Agregue el arroz a un tazón mediano y reserve.
b) En una sartén antiadherente mediana, caliente el aceite de sésamo y la salsa de soya a fuego alto. Grieta en los huevos. Reduzca el fuego si la salpicadura es demasiado, pero de lo contrario simplemente cocine hasta que las claras se hayan acolchado, ligeramente crujientes alrededor de los bordes, y el área blanca alrededor de la yema ya no esté líquida, aproximadamente 1 minuto (si su sartén está lo suficientemente caliente; más largo si no lo es). Además, la salsa de soja debería haber manchado las claras y burbujear, convirtiéndose en un glaseado pegajoso.
c) Deslice los huevos fritos sobre el arroz, rocíe con el gim y salpique con unas alcaparras. Sazone con pimienta. Mezclar todo junto con una cuchara antes de probar. Aquí es donde puede ajustar el condimento, agregando más salsa de soya según sea necesario.

12. bulgogi de ternera

Tiempo de preparación: 10 minutos
Tiempo de cocción: 5 minutos
Raciones: 4 personas

INGREDIENTES
- 2 ½ cucharadas de azúcar blanca
- 1 libra de bistec de flanco, en rodajas finas
- ¼ taza de cebolletas, picadas
- 5 cucharadas de salsa de soya
- 2 cucharadas de ajo picado
- ½ cucharadita de pimienta negra molida
- 2 cucharadas de aceite de sésamo
- 2 cucharadas de semillas de sésamo

DIRECCIONES
a) Coloque la carne en un plato de lados bajos.
b) Mezcle el azúcar, el ajo, la salsa de soya, la semilla de sésamo y el aceite, con las cebolletas y la pimienta negra en un tazón.
c) Rocíe sobre la carne y cubra el plato, luego descanse durante 60 minutos, cuanto más tiempo mejor, incluso durante la noche, en el refrigerador.
d) Cuando esté listo, caliente la parrilla o barbacoa y engrase la parrilla.
e) Una vez caliente asar la carne durante 2 minutos por cada lado y servir.

13. Costillas a la barbacoa coreana-americana

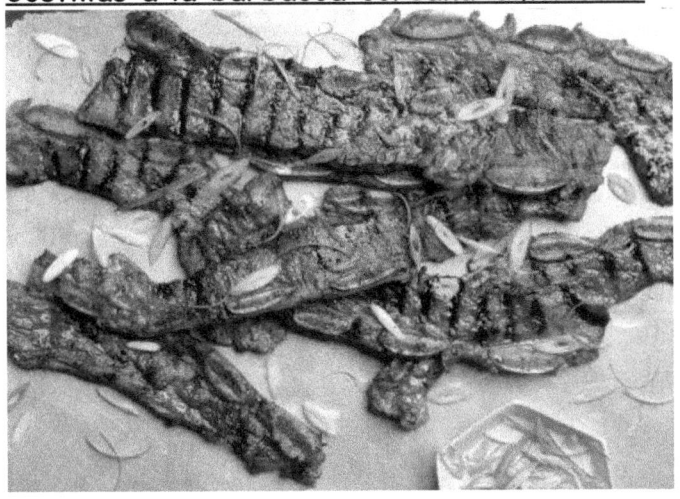

Tiempo de preparación: 15 minutos
Tiempo de cocción: 10 minutos
Raciones: 5 personas

INGREDIENTES
- 3 cucharadas de vinagre blanco
- ¾ taza de salsa de soya
- ¼ taza de azúcar morena oscura
- ¾ taza de agua
- 1 cucharada de pimienta negra
- 2 cucharadas de azúcar blanca
- ¼ taza de ajo picado
- 3 libras de costillas cortas al estilo coreano-estadounidense, cortadas a través de los huesos
- 2 cucharadas de aceite de sésamo
- ½ cebolla grande, picada

DIRECCIONES
a) Mezcle el vinagre, la salsa de soya y el agua en un recipiente de vidrio o de acero inoxidable.
b) Ahora agregue los dos azúcares, el aceite, la cebolla, la pimienta y el ajo, bata hasta que los azúcares se hayan derretido.
c) Coloque las costillas en la salsa y cúbralas con film transparente, póngalas en la nevera durante un mínimo de 7 horas.
d) Caliente la parrilla de jardín cuando esté lista para cocinar.
e) Retire las costillas de la marinada y cocine a la parrilla durante 6 minutos por cada lado, sirva cuando esté listo.

14. Pollo Coreano-Americano

Tiempo de preparación: 45 minutos
Tiempo de cocción: 20 minutos
Raciones: 4 personas

INGREDIENTES
- 2 cucharadas de semillas de sésamo
- 1 - 3 libras de pollo entero
- $\frac{1}{8}$ cucharadita de sal
- $\frac{1}{4}$ taza de salsa de soya
- 1 cebollín, picado
- $\frac{1}{8}$ cucharadita de pimienta negra molida
- 1 diente de ajo
- 1 cucharada de azúcar blanca
- 1 cucharadita de mantequilla de maní
- 1 cucharadita de glutamato monosódico

DIRECCIONES
a) Retire el pollo de los huesos con un cuchillo afilado.
b) Corta la carne en rebanadas de $\frac{1}{8}$ de pulgada de grosor, de 2 pulgadas cuadradas, coloca la carne en un tazón con la salsa de soya.
c) Fría las semillas de sésamo en una sartén seca, colóquelas en un recipiente de madera cuando comiencen a explotar y agregue sal.
d) A continuación, triture las semillas con el dorso de una cuchara.
e) Una vez que esté bien fino, agregue el ajo, la pimienta, el azúcar, la cebolla, el monosódico y el aceite, mezcle bien.
f) Mezclar el pollo con la salsa de soja y dejar marinar durante 30 minutos.
g) Utilizar la misma sartén que antes y freír a baja temperatura tapado.

h) Cuando esté tierno estará listo, es posible que necesite un poco de agua para mantenerlo húmedo durante la cocción.

15. bistec coreano-americano

Tiempo de preparación: 20 minutos
Tiempo de cocción: 10 minutos
Raciones: 6 personas

INGREDIENTES
- 5 cucharadas de azúcar blanca
- 2 libras de filete escocés, en rodajas finas
- 2 ½ cucharadas de semillas de sésamo
- ½ taza de salsa de soya
- 2 dientes de ajo, triturados
- 2 cucharadas de aceite de sésamo
- 5 cucharadas de mirin, vino dulce japonés
- 3 chalotes en rodajas finas

DIRECCIONES
a) Mezcle las semillas de sésamo y el aceite, el ajo, la salsa de soja, los chalotes, el azúcar y el mirin.
b) Coloque la carne en la salsa y mezcle con la carne, cubra y coloque en el refrigerador por 12 horas.
c) Cuando esté listo, caliente una sartén a fuego medio y fría la carne durante 6-8 minutos, o hasta que esté bien cocida.
d) Acompaña con arroz frito o ensalada.

16. Fideos Chap Chee

Tiempo de preparación: 35 minutos
Tiempo de cocción: 20 minutos
Raciones: 4 personas

INGREDIENTES

- 2 cebolletas, picadas finas
- 1 cucharada de salsa de soja
- 1 cucharadita de semillas de sésamo
- 1 cucharada de aceite de sésamo
- 1 diente de ajo, picado
- ¼ cucharadita de pimienta negra
- 2 cucharadas de aceite vegetal
- 1 cucharadita de azúcar
- ½ taza de zanahorias en rodajas finas
- ⅓ de libra de solomillo de res, cortado en rodajas finas
- ¼ libra de repollo Napa, en rodajas
- Fideos de celofán de 3 onzas, remojados en agua tibia
- ½ taza de brotes de bambú en rodajas
- 2 tazas de espinacas frescas, picadas
- 1 cucharada de azúcar
- ¼ cucharadita de pimienta negra
- 2 cucharadas de salsa de soya
- ½ cucharadita de sal

DIRECCIONES

a) En un tazón grande, mezcle el aceite de sésamo y las semillas, las cebolletas, 1 cucharada de salsa de soya, una cucharadita de azúcar, el ajo y ¼ de cucharadita de pimienta.
b) Mezclar con la carne y dejar durante 15 minutos en la habitación.
c) Poner en una sartén grande o wok si tienes para calentar con un poco de aceite.

d) Freír la carne hasta que se dore, luego agregar el repollo, las zanahorias, el bambú y las espinacas, revolviendo bien.
e) A continuación, agregue los fideos, 1 cucharada de azúcar, pimienta, sal y 2 cucharadas de soja.
f) Mezcle bien y baje el fuego, cocinando hasta que esté completamente caliente.

17. Cerdo marinado picante coreano-estadounidense

Tiempo de preparación: 45 minutos
Tiempo de cocción: 15 minutos
Raciones: 8 personas

INGREDIENTES
- ½ taza de pasta de pimiento picante coreano-estadounidense
- ¼ taza de vinagre de vino de arroz
- 3 cucharadas de ajo picado
- 2 cucharadas de salsa de soya
- 2 cucharadas de hojuelas de pimiento rojo
- 3 cucharadas de azúcar blanca
- ½ cucharadita de pimienta negra
- 3 cucharadas de jengibre fresco picado
- 3 cebolletas, cortadas en 2 pulgadas de largo
- 1 pieza de lomo de cerdo de 2 libras, cortada en rebanadas de ¼ de pulgada de grosor
- ½ cebolla amarilla, cortada en aros de ¼ de pulgada de grosor
- ¼ taza de aceite de canola

DIRECCIONES
a) Mezcle la soja, el ajo, las hojuelas de pimiento rojo, el azúcar, las cebolletas, el vinagre, la pasta de pimiento, el jengibre, las cebollas amarillas y la pimienta negra.
b) Una vez que esté bien mezclado, agregue la carne de cerdo en rodajas y unte la salsa sobre la carne de cerdo, cubriendo bien.
c) Colocar en una bolsa Ziploc y reposar en la heladera por 3 horas.
d) Cuando esté listo para cocinar, agregue el aceite a una sartén y fríalos en lotes a fuego medio.
e) Cuando esté dorado y ya no esté rosado en el medio, colóquelo en los platos.

f) Servir con arroz y ensalada.

18. Filete de flanco marinado coreano-americano

Tiempo de preparación: 15 minutos

Tiempo de cocción: 15 minutos

Raciones: 6 personas

INGREDIENTES

- 1 cebolla, picada aproximadamente
- 4 dientes de ajo
- 2 ½ tazas de salsa de soya baja en sodio
- 1 cucharadita de jengibre fresco picado
- ¼ taza de aceite de sésamo tostado
- 2 cucharadas de ablandador de carne sin sazonar
- 2 libras de bistec de flanco de res, recortado
- 3 cucharadas de salsa Worcestershire
- 1 taza de azúcar blanca

DIRECCIONES

a) Coloque el jengibre, el ajo y la cebolla en una licuadora, ahora agregue el aceite de sésamo, el azúcar, la salsa de soja, el ablandador y Worcestershire, pulse hasta que quede suave.

b) Cuando esté listo, agregue la salsa a la bolsa Ziploc o al tazón si no tiene uno.

c) Marque la carne con un cuchillo y colóquela en la marinada, déjela en el refrigerador durante la noche.

d) Caliente la parrilla exterior y cocine el bistec durante 5 a 6 minutos por cada lado, o más si lo desea.

e) Atender.

19. Chuletas De Cordero Dulce A La Parrilla Con Especias

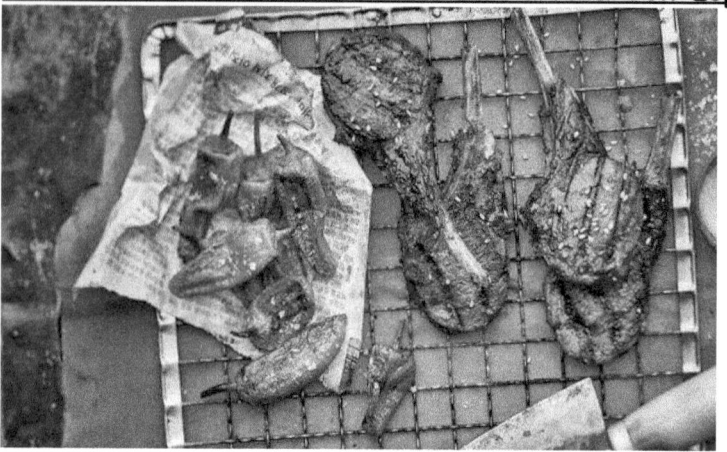

<u>Tiempo de preparación: 15 minutos</u>
Tiempo de cocción: 10 minutos
Raciones: 4 personas

INGREDIENTES
- 1 cucharada de pasta de soja coreana-americana
- 2 onzas líquidas de sake
- 2 cucharadas de mirin
- 1 ¼ onzas de pasta de chile coreano-estadounidense
- 1 cucharada de salsa de soja
- 1 cucharada de miel
- 1 cucharada de aceite de sésamo
- 16 chuletas de costilla de cordero cortadas a la francesa
- 1 ½ cucharadita de hojuelas de chile coreano-americano
- Semillas de sésamo para servir
- aceite para cocinar

DIRECCIONES
a) Usando un tazón, mezcle la pasta de frijoles, el sake, la salsa de soya, la miel, la pasta de chile, el mirin, el aceite de sésamo y las hojuelas de chile hasta que quede suave.
b) Introduce el cordero y unta la salsa por todos lados.
c) Cubrir el recipiente con papel film y dejar reposar en la nevera durante un mínimo de 4 horas.
d) Cuando esté listo para cocinar, encienda la parrilla de carbón y engrase las parrillas.
e) Cubre los huesos de cordero con papel aluminio para evitar que se quemen.
f) Cocine durante unos 6-8 minutos, dándoles la vuelta a la mitad de la cocción.
g) Colocar en los platos de servir y terminar espolvoreando semillas de sésamo.

20. Muslos De Pollo Asado Coreano-Americano

Tiempo de preparación: 10 minutos
Tiempo de cocción: 60 minutos
Raciones: 8 personas

INGREDIENTES
- ½ taza de cebollín picado
- 8 muslos de pollo, con piel
- 3 cucharadas de aceite de sésamo
- ½ taza de salsa de soya
- 2 cucharaditas de ajo picado
- ¼ cucharadita de pimienta negra
- 3 cucharadas de miel
- ¼ de cucharadita de jengibre molido

DIRECCIONES
a) Caliente la estufa a 375°F.
b) Agregue el pollo con la piel hacia abajo en una fuente para horno.
c) Mezcle el resto de los ingredientes en un tazón.
d) Vierta la salsa sobre la parte superior del pollo y colóquelo en el horno.
e) Cocinar en el horno sin tapar durante 45 minutos.
f) Ahora voltee el pollo y cocine por otros 15 minutos.
g) Servir una vez cocido.

21. Pollo picante coreano-americano y patata

<u>Tiempo de preparación: 15 minutos</u>
Tiempo de cocción: minutos
Raciones: 4 personas

INGREDIENTES
- 2 zanahorias, cortadas en trozos de 2 pulgadas o use 10 zanahorias pequeñas enteras
- 2 ½ libras de muslos de pollo o trozos de pollo
- 1 cebolla grande, cortada en 8
- 2 papas grandes, cortadas en cubos grandes
- 1 pimiento verde cortado en cubitos
- ½ taza de agua
- 2 cucharadas de azúcar blanca
- 4 dientes de ajo, picados
- ½ taza de salsa de soya
- 1 cucharadita de jengibre fresco
- 3 cucharadas de pasta de pimiento rojo coreano-estadounidense u otra salsa picante

DIRECCIONES
a) Agregue el pollo, la cebolla, las papas, el jengibre, las zanahorias, el ajo y el azúcar a una olla y caliente, revuelva.
b) Agregue la salsa de soya con el agua, luego mezcle la pasta de pimienta.
c) Caliente hasta que comience a hervir, ahora baje el fuego y cocine a fuego lento durante 45 minutos.
d) Sacar cuando el jugo de pollo esté claro.
e) La salsa se espesará a medida que comience a enfriarse.

FIDEOS

22. Ensalada De Fideos De Frijol Mungo

Tiempo de preparación: 15 minutos
Tiempo de cocción: 5 minutos
Raciones: 4 personas

INGREDIENTES
1 zanahoria, finamente afeitada
½ taza de frijol mungo en polvo
1 pepino libanés, afeitado fino
1 cucharada de aceite de sésamo
1 chile rojo largo, en rodajas finas
2 tazas de mizuna o escarola rizada
para el aderezo
1 cucharadita de semillas de sésamo, tostadas
2 cucharadas de salsa de soya
2 cucharaditas de jarabe de maíz ligero o miel
1 cucharadita de aceite de sésamo
1 cucharada de arroz integral o vinagre blanco
2 cucharaditas de azúcar en polvo
1 cucharadita de chile coreano-americano en polvo
1 rodaja de cebollín fina

DIRECCIONES
1. Agregue el polvo de frijol a 2 ¾ tazas de agua, mezcle bien y deje reposar durante 60 minutos.
2. Cuando esté lista, vierte la mezcla en una cacerola y calienta hasta que empiece a hervir, batiendo todo el tiempo para que no se queme.
3. Cuando hierva bajar el fuego y cocinar por 2 minutos.
4. Una vez que espese, agregue el aceite de sésamo y 1 cucharadita de sal.
5. Retire del fuego y vierta la mezcla en un molde para pastel engrasado, de 8 pulgadas de diámetro.
6. Colocar en la nevera hasta que se endurezca, unos 60 minutos.

7. Una vez firme, cortar en tiras largas y delgadas, esto hace los fideos, reservar cuando esté listo.

8.A continuación, coloque todos los ingredientes del aderezo en un bol y mezcle bien.

9.Agregue la mizuna, el pepino, los fideos de frijoles, el chile y la zanahoria, mezcle suavemente.

10.Servir.

23. Fideos De Camote Y Salteado De Res

Tiempo de preparación: 15 minutos
Tiempo de cocción: 10 minutos
Raciones: 4 personas

INGREDIENTES

- 2 cucharadas de aceite de sésamo
- ½ libra de filete de res, en rodajas finas
- 2 dientes de ajo, en rodajas finas
- ⅓ taza de salsa de soya
- 1 cucharada de azúcar en polvo
- 1 ½ tazas de champiñones asiáticos mixtos
- 5 hongos shiitake secos
- 2 cucharadas de aceite vegetal
- 1 zanahoria, rallada
- 2 cebollas, cortadas en gajos finos
- 1 cucharada de semillas de sésamo tostadas
- ¼ de libra de fideos de camote, o fideos de frijol mungo, cocidos y escurridos
- 3 tazas de espinacas tiernas, solo las hojas

DIRECCIONES

a) Agregue la carne a un tazón con la salsa de soya, el azúcar, 2 cucharaditas de aceite de sésamo y el ajo, coloque una película adhesiva sobre la parte superior y póngala en el refrigerador durante 30 minutos.
b) Mientras espera, remoje los champiñones secos durante 30 minutos en agua hirviendo, una vez hechos, escurra y corte.
c) Luego, coloque 1 cucharada de aceite vegetal en una sartén o wok con lados altos.
d) Una vez caliente poner los champiñones mixtos, 1 cucharadita de aceite de sésamo y los champiñones shiitake, freír durante 3 minutos revolviendo, luego sazonar.

e) Ahora escurra la carne y mantenga la marinada a un lado.
f) Vuelva a calentar la sartén o el wok con 1 cucharadita de aceite de sésamo y el resto del aceite vegetal.
g) Freír las cebollas durante 3-5 minutos hasta que estén doradas y luego poner las zanahorias hasta que estén tiernas.
h) Coloque la carne adentro, cocine por otros 2-3 minutos.
i) Ahora añade los fideos, todos los champiñones, las espinacas y el resto del aceite de sésamo.
j) Vierta la marinada y cocine por otros 2 minutos.
k) Una vez que todo esté caliente servir y terminar con las semillas por encima.

24. Fideos Fríos Picantes

Tiempo de preparación: 15 minutos

Tiempo de cocción: 10 minutos
Raciones: 4 personas

INGREDIENTES

- 2 dientes de ajo, triturados
- 3 cucharadas de gochujang coreano-estadounidense, una pasta picante picante
- 1 trozo de jengibre fresco del tamaño de un pulgar, pelado y rallado
- $\frac{1}{4}$ taza de vinagre de vino de arroz
- 1 cucharadita de aceite de sésamo
- 4 rábanos, en rodajas finas
- 2 cucharadas de salsa de soya
- 4 huevos, escalfados suaves
- 1 $\frac{1}{2}$ tazas de fideos de trigo sarraceno, cocidos, escurridos y refrescados
- 1 pepino telégrafo, cortado en trozos grandes
- 2 cucharaditas, 1 de cada semillas de sésamo blanco y negro
- 1 taza de kimchi

DIRECCIONES

1. Agregue la salsa picante, el ajo, la salsa de soya, el jengibre, el vinagre de vino y el aceite de sésamo a un tazón y mezcle.
2. Coloque los fideos y mezcle bien, asegurándose de que estén cubiertos con la salsa.
3. Coloque en los tazones para servir, ahora agregue a cada uno el rábano, el kimchi, el huevo y el pepino.
4. Terminar espolvoreando las semillas.

25. Fideos con Salsa de Frijoles Negros

Tiempo de preparación: 30 minutos
Tiempo de cocción: 25 minutos
Raciones: 3 personas

INGREDIENTES
- 1 taza de calabacín, cortado en cubitos de ½ pulgada
- ½ libra de panceta de cerdo, cortada en dados de ½ pulgada
- 1 taza de papa, pelada y cortada en dados de ½ pulgada
- 1 taza de rábano coreano-americano o daikon, cortado en dados de ½ pulgada
- 1 ½ tazas de cebolla, picada gruesa
- 2 cucharadas de polvo de almidón de patata mezclado con ½ taza de agua
- 3 cucharadas de aceite vegetal
- 1 cucharadita de aceite de sésamo
- 1 más ¼ de taza de pasta de frijol negro
- ½ taza de pepino, en rodajas finas, como palitos de fósforo
- Agua
- Fideos o arroz para servir

DIRECCIONES
a) Agregue 1 cucharada de aceite vegetal a una sartén profunda o wok y caliente.
b) Una vez caliente, freír la carne de cerdo hasta que esté dorada y crujiente, alrededor de 5 minutos, revolviendo mientras se fríe.
c) Una vez hecho, retire el exceso de grasa de cerdo, ahora agregue el rábano y cocine por 1 minuto más.
d) A continuación, agregue la cebolla, la patata y el calabacín, revuelva y fría durante 3 minutos más.
e) Ahora, empuje todos los ingredientes hacia el borde del wok y coloque en el medio 2 cucharadas de aceite vegetal,

agregue $\frac{1}{4}$ de taza de pasta de frijoles negros, mezcle y agregue todo desde los bordes.
f) Vierta 2 tazas de agua, cubra el wok y cocine por 10 minutos.
g) Probar que las verduras estén cocidas, si es así añadir el agua de fécula y remover hasta que espese.
h) Por último poner las semillas de sésamo y retirar del fuego.
i) Servir con el arroz o los fideos.

26. Tazón de fideos con pollo coreano-americano

Tiempo de preparación: 30 minutos

Tiempo de cocción: 10 minutos
Raciones: 4 personas

INGREDIENTES

1 pieza de 1 pulgada de jengibre fresco, rallado
¼ taza de tamari, salsa de soya oscura
1 libra de espaguetis de trigo integral
Condimento al gusto
2 dientes de ajo grandes, rallados
2 cucharadas de pasta de tomate
1 cucharada de aceite de sésamo
3 cucharadas de miel o sirope de agave
2 cucharadas de vinagre de vino de arroz
2 cucharadas de pasta de tomate
2 cucharadas de aceite vegetal
¼ de repollo pequeño, rallado fino
1 manojo de cebolletas, en rodajas en ángulo
1 cucharadita de salsa picante
Semillas de sésamo tostadas para terminar
1 libra de muslo o pechuga de pollo, con hueso y sin piel, cortada en tiras
½ pimiento rojo, cortado en cubitos o en rodajas

DIRECCIONES

1. Caliente una olla con agua hirviendo con sal y cocine la pasta, manteniéndola ligeramente crujiente, no empapada.
2. Mientras tanto, agregue a una licuadora el jengibre, el ajo, un poco de agua hirviendo, la sal, el vinagre, la miel, el aceite de sésamo, el tamari, la salsa picante y la pasta de tomate, triture hasta que quede suave.
3. Agregue el aceite vegetal al wok o sartén y caliente.

4. Una vez caliente, freír las tiras de pollo hasta que se doren unos 3 minutos, ahora añadir el pimiento y la col durante 2 minutos más.
5. A continuación, agregue la salsa y las cebolletas para cocinar durante 1 minuto más.
6. Coloca el pollo sobre los fideos y termina con las semillas encima.
7. Sirva con salsa extra picante si lo desea.
8. Esta receta se puede usar con carne de cerdo si es necesario.

27. Fideos picantes con huevo y pepino

Tiempo de preparación: 10 minutos
Tiempo de cocción: 5 minutos
Raciones: 4 personas

INGREDIENTES
1 cucharada de polvo de chile coreano-americano
1 ½ tazas de kimchi, picado
1 ½ tazas de vinagre de arroz integral
2 cucharadas de pasta de chile
2 cucharadas de azúcar en polvo
1 cucharada de aceite de sésamo
¼ de libra de fideos myeon
1 cucharada de salsa de soja
½ taza de repollo o lechuga en rodajas finas
1 pepino, en rodajas finas, sin piel
2 huevos duros, partidos por la mitad

DIRECCIONES
1. Usando un tazón, mezcle la pasta de chile, la salsa de soya, el kimchi, el vinagre de arroz, el chile en polvo con aceite de sésamo y el azúcar y colóquelos a un lado.
2. Coloque los fideos en agua hirviendo y cocine durante 3-4 minutos, una vez que estén tiernos, refresque con agua fría y escurra.
3. Coloque los fideos fríos o fríos en el recipiente que contiene la salsa y mezcle.
4. Coloque los fideos en los tazones para servir y cubra con rodajas de pepino, 1 hoja de sésamo, el repollo o la lechuga y termine con la mitad de un huevo.

28. Fideos Fríos Coreano-Americanos

Tiempo de preparación: 15 minutos
Tiempo de cocción: 10 minutos
Raciones: 2 personas

INGREDIENTES
- 2 tazas de caldo de res
- ¼ de libra de fideos de trigo sarraceno, naengyun no soba o memil gooksu
- 1 cucharada de azúcar de arroz integral
- 2 tazas de caldo de pollo, sin sal
- 1 cucharada de vinagre de arroz integral
- 1 pera asiática pequeña, cortada en rodajas muy finas
- 2 cucharadas de azúcar blanca
- ½ pepino coreano-americano, sin semillas y cortado en tiras finas
- 1 huevo duro
- Cubitos de hielo para servir
- ¼ taza de rábano en escabeche
- Pechuga o pierna de res cocida en rodajas finas

DIRECCIONES
a) Mezcle los caldos de res y pollo, luego agregue el vinagre y corrija la sazón.
b) Coloque la mezcla en el refrigerador para que repose durante 30 minutos.
c) Mientras tanto cocine los fideos según las instrucciones del paquete, en agua hirviendo.
d) Una vez hecho refrescar bajo el chorro de agua fría y escurrir.
e) Coloque los fideos en los tazones para servir.
f) Ahora vierta el caldo libremente y coloque cubitos de hielo para cubrir los fideos.

29. Ensalada picante de caracol coreano-americano

Tiempo de preparación: 20 minutos
Tiempo de cocción: 10 minutos
Porciones: 3-4 personas

INGREDIENTES
- ½ cebolla, en rodajas finas
- 1 lata grande o 2 pequeñas de golbanygi, caracoles de mar
- ½ zanahoria cortada en palitos
- ¼ de repollo, en rodajas finas
- 1 pepino pequeño, en rodajas finas en ángulo
- 2 cucharadas de hojuelas de chile coreano-americano
- 1 diente de ajo, picado fino
- 2 cucharadas de vinagre de vino de arroz
- 2 cucharadas de pasta de chile coreano-estadounidense
- 1 cucharada de extracto de ciruela coreana-americana
- 1 cebollín, picado
- 1 cucharada de azúcar
- 1 cucharada de semillas de sésamo tostadas
- Fideos finos de trigo o vermicelli coreano-americanos

DIRECCIONES
a) Escurra los caracoles de mar, pero conserve 1 cucharada del jugo, si los trozos son grandes, córtelos por la mitad.
b) Use un tazón grande y agregue las zanahorias, el repollo, el pepino, los caracoles y la cebolla, reserve.
c) Luego, tome un tazón más pequeño y mezcle la pasta de chile, el azúcar, el ajo, las hojuelas de chile, el extracto de ciruela, el vinagre, el jugo de caracol y las semillas de sésamo para la salsa.
d) Vierta sobre las verduras y mezcle bien, coloque en el refrigerador mientras cocina los fideos.
5. Agregue los fideos al agua hirviendo y cocine según las instrucciones del paquete.

6. Cuando esté listo, refresque con agua corriente y escurra.
7. Cuando esté listo para servir, mezcle los dos y disfrute.

30. Fideos De Soba Picantes

Tiempo de preparación: minutos
Tiempo de cocción: minutos
Porciones: 8-10 personas

INGREDIENTES
- ½ rábano coreano-americano o daikon, cortado en tiras de 2 pulgadas, ½ pulgada de ancho
- 1 paquete de fideos soba coreano-americanos
- 1 cucharada de sal
- 1 pepino asiático, cortado a la mitad, sin semillas y rebanado en ángulo
- 2 cucharadas de vinagre
- 4 huevos cocidos, partidos por la mitad
- 2 cucharadas de azúcar

PARA LA SALSA
- ¼ taza de salsa de soya
- ½ cebolla mediana, pelada y cortada en cubitos
- ½ taza de agua
- 1 diente de ajo
- ½ manzana, pelada y cortada en cubitos
- 3 cucharadas de agua o jugo de piña
- 3 rebanadas de piña igual a la manzana
- ⅓ taza de azúcar moreno
- 1 taza de hojuelas de chile coreano-americano
- 3 cucharadas de miel
- ¼ taza de azúcar blanca
- ½ cucharadita de jengibre en polvo
- 1 cucharada de semillas de sésamo tostadas
- 1 cucharadita de sal
- 2 cucharadas de aceite de sésamo
- 1 cucharadita de mostaza coreano-americana o Dijon

DIRECCIONES

a) Haciendo la salsa mezcle en una cacerola la salsa de soya con ½ taza de agua y hierva.
b) Una vez que hierva retirar del fuego y reservar.
c) Agregue la cebolla, el ajo, la manzana, la piña y 3 cucharadas de agua o jugo a la licuadora, pulse hasta lograr un puré.
d) Revuelva la mezcla de puré en la salsa de soya y agregue el resto de los ingredientes de la salsa.
e) Vierta la mezcla en un recipiente que sea hermético y colóquelo en el refrigerador durante 24 horas.
f) Ponga el azúcar, el rábano, la sal y el vinagre en un bol y deje reposar durante 15-20 minutos, después de escurrir el exceso de líquido de la mezcla.
g) Coloque los fideos en agua hirviendo y cocine según las instrucciones, una vez hecho refresque con agua fría.
h) Cuando sirva, agregue los fideos a los platos, sirva con un cucharón 3 cucharadas de salsa y termine con rábano y pepino por encima.
i) Si los fideos son largos se pueden cortar con tijeras.

31. Fideos coreano-americanos con verduras

Tiempo de preparación: 15 minutos
Tiempo de cocción: 20 minutos
Raciones: 4 personas

INGREDIENTES
3 cucharadas de aceite de sésamo asiático
Fideos finos de hilo de frijol de 6 onzas
3 cucharadas de azúcar
$\frac{1}{2}$ taza de tamari
1 cucharada de aceite de cártamo
1 cucharada de ajo picado
3 zanahorias medianas, cortadas en cerillas de $\frac{1}{8}$ de grosor
3 tazas de espinacas tiernas
1 cebolla mediana, cortada en $\frac{1}{8}$ rebanadas
$\frac{1}{4}$ de libra de champiñones, cortados en $\frac{1}{8}$ rebanadas

DIRECCIONES
1. Coloque los fideos en agua y déjelos en remojo durante 10 minutos para que se ablanden, luego escúrralos.
2. Agregue los fideos al agua hirviendo durante 2 minutos, una vez que estén tiernos, escurra y refresque con agua fría.
3. Coloque el azúcar, el aceite de sésamo y el ajo en una licuadora y triture hasta que quede suave.
4. Luego agregue el aceite a la sartén de 12 pulgadas, una vez que comience a humear, agregue las zanahorias con las cebollas y fría por 3 minutos.
5. Ahora agregue los champiñones durante otros 3 minutos, agregue las espinacas durante 30 segundos, seguido de los fideos.
6. Rocíe la mezcla de tamari y mezcle.
7. Baje el fuego y cocine a fuego lento durante 4 minutos.
8. Sirva tibio o frío.

COMIDA CALLEJERA Y SNACKS

32. Hotteok con Verduras y Fideos

Tiempo de preparación: 30 minutos
Tiempo de cocción: 5 minutos
Raciones: 10 personas

INGREDIENTES
PARA LA MASA
- 2 cucharaditas de levadura seca
- 1 taza de agua tibia
- $\frac{1}{2}$ cucharadita de sal
- 2 tazas de harina para todo uso
- 2 cucharadas de azúcar
- 1 cucharada de aceite vegetal

PARA EL LLENADO
- 1 cucharada de azúcar
- Fideos de fécula de camote de 3 onzas
- $\frac{1}{4}$ de cucharadita de pimienta negra molida
- 2 cucharadas de salsa de soya
- 3 onzas de cebollines asiáticos, cortados pequeños
- 1 cebolla mediana, cortada en cubitos pequeños
- 1 cucharadita de aceite de sésamo
- 3 onzas de zanahoria, cortada en cubitos pequeños
- aceite para cocinar

DIRECCIONES
a) Para hacer la masa, mezcle el azúcar, la levadura y el agua tibia en un tazón, mezcle hasta que la levadura se haya derretido, ahora mezcle 1 cucharada de aceite vegetal y sal, mezcle bien.

b) Agregue la harina y mezcle hasta formar una masa, una vez que esté suave, deje reposar durante 1 $\frac{1}{4}$ horas para que suba, elimine el aire mientras sube, cubra y reserve.

c) Mientras tanto, hierva una olla con agua y cocine los fideos, revuelva de vez en cuando, cocine por 6 minutos con la tapa puesta.
d) Refrescar con agua fría cuando estén tiernos, luego escurrir.
e) Córtalos en trozos de ¼ de pulgada con unas tijeras.
f) Agregue 1 cucharada de aceite a una sartén grande o wok y fría los fideos durante 1 minuto, ahora agregue el azúcar, la salsa de soya y la pimienta negra, mientras revuelve.
g) Agregue las cebolletas, la zanahoria y la cebolla, y mezcle bien.
h) Retire del fuego cuando haya terminado.
i) A continuación, coloque 1 cucharada de aceite en otra sartén y caliente, una vez caliente reduzca el fuego a medio.
j) Engrase su mano con aceite, tome ½ taza de la masa y presione en una forma redonda y plana.
k) Ahora agregue un poco de relleno y doble los bordes en una bola, sellando los bordes.
l) Colóquelo en la sartén con el extremo sellado hacia abajo, cocine durante 30 segundos, luego déle la vuelta y comprímalo para que tenga unas 4 pulgadas de diámetro, hágalo con una espátula.
m) Cocine durante 2-3 minutos más, hasta que se vuelva crujiente y dorado por todas partes.
n) Colocar sobre papel de cocina para retirar el exceso de grasa y repetir con el resto de la masa.
o) Servir caliente.

33. Pan de huevo

Tiempo de preparación: 10 minutos
Tiempo de cocción: 15 minutos
Raciones: 3 personas

INGREDIENTES
- 3 cucharadas de azúcar
- 1 cucharadita de polvo de hornear
- 1 cucharada de mantequilla sin sal, derretida
- ½ taza de harina para todo uso
- Una pizca de sal
- ½ cucharadita de extracto de vainilla
- 4 huevos
- 1 barra de queso mozzarella, cortado en 6 piezas
- ½ taza de leche
- 1 cucharadita de aceite de cocina

DIRECCIONES
a) Licúa la sal, la harina, el azúcar, la mantequilla, la vainilla, 1 huevo, el polvo de hornear y la leche, bate hasta que quede suave.
b) Caliente la estufa a 400°F y engrase 3 moldes pequeños para pan con aceite, los moldes deben tener aproximadamente 4 × 2 × 1 ½ pulgadas.
c) Vierta la masa en los moldes por igual, llenándolos hasta la mitad.
d) Coloque 2 piezas de queso en la mezcla alrededor del exterior dejando el centro limpio.
e) A continuación, rompa 1 huevo en el centro de cada lata.
f) Cocine en el horno, usando la rejilla del medio durante 13-15 minutos, dependiendo de cómo le guste que se cocinen los huevos.
g) Tomar cuando esté listo y servir caliente.

34. Pastel de Arroz Caliente y Picante

Tiempo de preparación: 10 minutos
Tiempo de cocción: 30 minutos
Porciones: 4-6 personas

INGREDIENTES
- 4 tazas de agua
- algas secas de 6 × 8 pulgadas
- 1 libra de pastel de arroz en forma de cilindro
- 7 anchoas grandes, limpias
- ⅓ taza de pasta de pimiento picante coreano-estadounidense
- 3 cebolletas, cortadas en 3 pulgadas de largo
- 1 cucharada de azúcar
- ½ libra de tortas de pescado
- 1 cucharada de hojuelas de pimiento picante
- 2 huevos duros

DIRECCIONES
a) Coloque las algas marinas y las anchoas en una cacerola poco profunda con agua y caliente, hirviendo durante 15 minutos sin tapa.
b) Usando un tazón pequeño, mezcle las hojuelas de pimienta y péguelas con el azúcar.
c) Retire las algas marinas y las anchoas de la sartén y agregue el pastel de arroz, la mezcla de pimientos, las cebolletas, los huevos y las croquetas de pescado.
d) El caldo debe ser alrededor de 2 ½ tazas.
e) Cuando comience a hervir, mezcle suavemente y deje que se espese durante 14 minutos, ahora debería verse brillante.
f) Agregue un poco más de agua si el pastel de arroz no está tierno y cocine un poco más.
g) Una vez listo apaga el fuego y sirve.

35. Panqueques De Mariscos Coreano-Americanos

Tiempo de preparación: 15 minutos
Tiempo de cocción: 10 minutos
Porciones: 4-6 personas

INGREDIENTES
PARA LAS TORTITAS
- 2 huevos medianos
- 2 tazas de mezcla para panqueques, coreano-estadounidense
- $\frac{1}{2}$ cucharadita de sal
- 1 $\frac{1}{2}$ tazas de agua
- 2 onzas de almejas
- 12 raíces de cebollín medianas, cortadas
- 2 onzas de calamar
- $\frac{3}{4}$ taza de aceite vegetal
- 2 onzas de camarones, limpios y desvenados
- 4 chiles medianos, cortados en ángulo

PARA LA SALSA
- 1 cucharada de vinagre
- 1 cucharada de salsa de soja
- 4 chiles medianos, cortados en ángulo
- $\frac{1}{4}$ cucharadita de ajo
- 1 cucharada de agua

DIRECCIONES
a) Agregue un poco de sal a un recipiente con agua y lave y escurra los mariscos, colóquelos a un lado.
b) Luego, mezcle en un recipiente aparte, el agua, los chiles rojos y verdes, la salsa de soya, el ajo y el vinagre, reserve.
c) Usando otro tazón, bata los huevos, la mezcla para panqueques, el agua fría y la sal hasta que quede cremoso.
d) Poner en una sartén ligeramente engrasada y calentar.
e) Use una medida de $\frac{1}{2}$ taza y vierta la mezcla en la sartén caliente.

f) Mueve para nivelar la mezcla, ahora coloca 6 cebolletas encima, agrega los chiles y los mariscos.
g) Presione ligeramente la comida en el panqueque, luego agregue otra ½ taza de la mezcla por encima.
h) Cocine hasta que la base esté dorada, alrededor de 5 minutos.
i) Ahora voltee suavemente el panqueque, agregue un poco de aceite alrededor del borde y cocine por otros 5 minutos.
j) Una vez hecho voltear hacia atrás y sacar de la sartén.
k) Haz lo mismo con la masa restante.

36. Sándwich Bulgolgi Vegano

Tiempo de preparación: 20 minutos
Tiempo de cocción: 5-8 minutos
Raciones: 4 personas

INGREDIENTES
- ½ cebolla mediana, en rodajas
- 4 panes de hamburguesa pequeños
- 4 hojas de lechuga roja
- 2 tazas de rizos de soya
- 4 rebanadas de queso vegano
- mayonesa bio

PARA LA MARINADA
- 1 cucharada de aceite de sésamo
- 2 cucharadas de salsa de soya
- 1 cucharadita de semillas de sésamo
- 2 cucharadas de agave o azúcar
- ½ cucharadita de pimienta negra molida
- 2 cebolletas, picadas
- ½ pera asiática, cortada en cubitos, si lo desea
- ½ cucharada de vino blanco
- 1-2 chiles coreano-americanos verdes, cortados en cubitos
- 2 dientes de ajo, triturados

DIRECCIONES
a) Haz los rizos de soja según las instrucciones del paquete.
b) Luego, coloque todos los ingredientes para la marinada en un tazón grande y mezcle para formar la salsa.
c) Retire el agua de los rizos de soja apretando suavemente.
d) Agregue los rizos con la cebolla en rodajas a la mezcla de la marinada y cubra todo.
e) Agregue 1 cucharada de aceite a la sartén caliente, luego agregue la mezcla completa y fría durante 5 minutos, hasta que las cebollas y los rizos estén dorados y la salsa espese.

f) Mientras tanto, tuesta los panes de hamburguesa con el queso sobre el pan.
g) Unte la mayonesa, luego la mezcla de rizos y termine con una hoja de lechuga encima.

37. Pastel coreano-americano de tocino y huevo

Tiempo de preparación: 25 minutos
Tiempo de cocción: 15 minutos
Raciones: 6 personas

INGREDIENTES
para el pan
½ taza de leche
¾ taza de harina leudante o harina múltiple con ¼ de cucharadita de polvo de hornear
4 cucharaditas de azúcar
1 huevo
1 cucharadita de mantequilla o aceite de oliva
¼ cucharadita de sal
¼ de cucharadita de esencia de vainilla
Para el llenado
1 rebanada de tocino
Sal al gusto
6 huevos

DIRECCIONES
1. Caliente la estufa a 375°F.
2. Mezcle en un tazón, ¼ de cucharadita de sal, harina y 4 cucharaditas de azúcar.
3. Rompa el huevo en la mezcla y mezcle bien.
4. Vierta lentamente la leche, una pequeña cantidad a la vez, hasta que espese.
5. Rocíe con grasa un molde para hornear, luego coloque la mezcla de harina sobre el molde dándole forma de 6 óvalos o puede usar vasos de papel para pasteles.
6. Si le da forma, haga pequeñas muescas en cada uno y rompa un huevo en cada agujero o encima de cada molde para pastel.
7. Picar el tocino y espolvorear sobre cada uno, si tienes perejil a mano agrega un poco también.

8.Cocine durante 12-15 minutos.
9. Sacar y disfrutar.

38. Arroz al curry coreano-americano

<u>Tiempo de preparación: 20 minutos</u>

Tiempo de cocción: 30 minutos

Raciones: 4 personas

INGREDIENTES

- 1 zanahoria mediana, pelada y cortada en cubitos
- 7 onzas de carne de res, cortada en cubitos
- 2 cebollas, picadas
- 2 papas, peladas y cortadas en cubitos
- ½ cucharadita de ajo en polvo
- Condimento al gusto
- 1 calabacín mediano, cortado en cubitos
- Aceite vegetal para cocinar
- mezcla de salsa de curry de 4 onzas

DIRECCIONES

a) En un wok o sartén honda ponemos un poco de aceite y calentamos.

b) Sazone la carne y coloque el aceite, revolviendo y cocinando por 2 minutos.

c) A continuación, agregue las cebollas, las papas, el ajo en polvo y las zanahorias, fríalos durante 5 minutos más y luego agregue los calabacines.

d) Vierta 3 tazas de agua y caliente hasta que comience a hervir.

e) Baje el fuego y cocine a fuego lento durante 15 minutos.

f) Agregue lentamente la mezcla de curry hasta que espese.

g) Sirva sobre el arroz y disfrute.

39. Rollo de huevo de cebra

Tiempo de preparación: minutos
Tiempo de cocción: minutos
Raciones: 1 persona

INGREDIENTES
- ¼ cucharadita de sal
- 3 huevos
- aceite para cocinar
- 1 cucharada de leche
- 1 hoja de algas

DIRECCIONES
a) Rompe la hoja de algas en pedazos.
b) Ahora rompa los huevos en un tazón y agregue la sal con la leche, mezcle.
c) Coloca una sartén en la estufa y calienta con un poco de aceite, es mejor si tienes una sartén antiadherente.
d) Vierta suficiente huevo para cubrir la base de la sartén y luego espolvoree con las algas.
e) Una vez que el huevo esté medio cocido, enróllalo y empújalo a un lado de la sartén.
f) A continuación, vuelva a engrasar si es necesario y ajuste el fuego si está demasiado caliente, coloque otra capa delgada de huevo y vuelva a espolvorear con la semilla, ahora enrolle la primera sobre la que se está cocinando y colóquela en el otro lado de la sartén.
g) Repita esto hasta que el huevo esté terminado.
h) Voltee sobre una tabla y corte.

40. Pasteles coreano-americanos de nueces con estufa

Tiempo de preparación: 10 minutos
Tiempo de cocción: 10 minutos
Raciones: 12 personas

INGREDIENTES
- 1 lata de frijoles rojos azuki
- 1 taza de mezcla para panqueques o mezcla para waffles
- 1 cucharadita de extracto de vainilla
- 1 cucharada de azúcar
- 1 paquete de nueces

DIRECCIONES
a) Haz la mezcla para panqueques según las instrucciones del paquete con el azúcar extra.
b) Una vez lista la mezcla colocar en un recipiente con pico.
c) Usando 2 moldes para pasteles si no tiene, puede usar moldes para muffins, calentar en la estufa a fuego lento, se quemarán a fuego alto.
d) Agregue la mezcla a la primera lata, pero llene solo hasta la mitad.
e) Agregue rápidamente 1 nuez y 1 cucharadita de frijol rojo a cada uno y coloque el resto de la mezcla en la otra lata.
f) A continuación, invierta la primera lata sobre la segunda, alineando los moldes, cocine durante 30 segundos más, una vez que la segunda lata esté cocida, retire del fuego.
g) Ahora retire la lata superior y luego retire los pasteles en el plato de servir.

41. Sándwich de tostadas callejeras

<u>Tiempo de preparación: 15 minutos</u>
Tiempo de cocción: 8 minutos
Raciones: 2 personas

INGREDIENTES
- ⅔ taza de repollo, cortado en tiras finas
- 4 rebanadas de pan blanco
- 1 cucharada de mantequilla salada
- ⅛ taza de zanahorias, cortadas en tiras finas
- 2 huevos
- ¼ de cucharadita de azúcar
- ½ taza de pepino, en rodajas finas
- Salsa de tomate al gusto
- 1 cucharada de aceite de cocina
- mayonesa al gusto
- ⅛ cucharadita de sal

DIRECCIONES
a) En un tazón grande, rompe los huevos con la sal, luego agrega las zanahorias y el repollo, mezclándolos.
b) Coloque el aceite en una sartén profunda y caliente.
c) Agregue la mitad de la mezcla a la sartén y forme 2 formas de pan, manteniéndolas separadas.
d) Ahora agregue la mezcla de huevo restante sobre la parte superior de los 2 en la sartén, esto le dará una buena forma.
e) Cocine por 2 minutos, luego voltee y cocine por otros 2 minutos.
f) Disuelva la mitad de la mantequilla en una sartén aparte, una vez caliente ponga dos de las rebanadas de pan y voltee para que ambos lados absorban la mantequilla, siga cocinando hasta que esté dorada por ambos lados, alrededor de 3 minutos.

7.Repita con las otras 2 rebanadas.
8. Una vez cocinados colocar en los platos de servir y añadir la mitad del azúcar a cada uno.
9.Coge la mezcla de huevos fritos y colócala sobre el pan.
10.Añadir el pepino y colocar encima el ketchup y la mayonesa.
11.Coloque la otra rebanada de pan encima y córtela en dos.

42. Vegetales Fritos

Tiempo de preparación: minutos
Tiempo de cocción: minutos
Raciones: 15 personas

INGREDIENTES
- 1 chile rojo fresco, cortado por la mitad de arriba a abajo
- 1 zanahoria grande pelada y cortada en $\frac{1}{8}$ bastones
- 2 manojos de hongos enoki, separados
- 1 calabacín, cortado en $\frac{1}{8}$ bastones
- 4 cebolletas, cortadas en 2 pulgadas de largo
- 6 dientes de ajo, en rodajas finas
- 1 batata mediana, cortada en bastones
- 1 papa mediana, cortada en bastones
- Aceite vegetal para freír

PARA LA MASA
- $\frac{1}{4}$ taza de maicena
- 1 taza de harina para todo uso
- 1 huevo
- $\frac{1}{4}$ taza de harina de arroz
- 1 $\frac{1}{2}$ tazas de agua helada
- $\frac{1}{2}$ cucharadita de sal

PARA LA SALSA
- 1 diente de ajo
- $\frac{1}{2}$ taza de salsa de soya
- 1 cebolleta
- $\frac{1}{2}$ cucharadita de vinagre de arroz
- $\frac{1}{4}$ de cucharadita de aceite de sésamo
- 1 cucharadita de azúcar moreno

DIRECCIONES
a) Pon una olla con agua a hervir.

b) Coloque las zanahorias, y ambos tipos de papas en el agua, retire del fuego y deje por 4 minutos, luego retire del agua, enjuague, escurra y seque con papel de cocina.
c) Mezcle las cebolletas, el calabacín, el ajo y el pimiento rojo en un tazón y mezcle bien.
d) Para el rebozado licúa todos los ingredientes secos.
e) Ahora bata el agua y los huevos juntos, luego agréguelos a los ingredientes secos y mezcle bien hasta formar una masa.
f) A continuación, prepare la salsa batiendo el azúcar, el vinagre, la soja y el aceite de sésamo.
g) Pica finamente la cebolleta y el ajo, luego revuélvelos en la mezcla de soya.
h) Agregue suficiente aceite a un wok o sartén profundo, el aceite debe tener aproximadamente 3 pulgadas de profundidad.
i) Una vez caliente el aceite, pasar las verduras por la masa, dejar escurrir el exceso y freír durante 4 minutos.
j) Escurrir y secar sobre papel de cocina cuando esté listo.
k) Servir con la salsa.

POSTRES

43. Panqueques Dulces Coreanos-Americanos

Tiempo de preparación: 25 minutos
Tiempo de cocción: 6 minutos
Raciones: 8 personas

INGREDIENTES
1 cucharada de azúcar granulada
1 ¾ tazas de harina de pan
2 ¼ de cucharadita de levadura instantánea
1 ¼ tazas de harina de arroz dulce
1 cucharada de aceite vegetal
1 cucharadita de sal
5 cucharadas de aceite, para freír
1 ½ tazas de leche tibia
Para el llenado
1 cucharadita de canela
⅔ taza de azúcar moreno
2 cucharadas de nueces finamente picadas, tu elección

DIRECCIONES
1. Usando un tazón grande, mezcle la levadura, la harina, el azúcar y la sal, mezcle bien.
2. Ahora coloque 1 cucharada de aceite en la leche y revuelva en la mezcla seca, bata durante 2 minutos, luego coloque un paño sobre la parte superior y descanse en la habitación durante 60 minutos.
3. Una vez que haya doblado su tamaño, vuélvelo a batir y vuelve a reposar durante 15 minutos.
4. Mientras tanto, mezcle los ingredientes del relleno y colóquelos a un lado.
5. Divida la mezcla de masa en 8 piezas, engrase sus manos y coloque 1 pieza a la vez en su mano y empújela hacia abajo para formar un disco, alrededor de 4 pulgadas de ancho.

6. Agregue 1 ½ cucharadas de la mezcla de azúcar en el medio, ahora doble los bordes hacia el centro y selle.
7. Agregue el aceite a la sartén y caliente a fuego medio o bajo.
8. Coloque la bola en el aceite caliente con el lado sellado hacia abajo, luego presione hacia abajo para aplanarla, puede usar una espátula para esto.
9. Si descubre algún agujero, use un poco de masa para taparlo.
10. Cocine por 3 minutos, una vez que estén crocantes voltee y cocine por 3 minutos más.
11. Sacar cuando esté dorado.
12. Deje que se enfríe un poco antes de comer, el centro de azúcar estará caliente.

44. Peras escalfadas con miel coreana-americana

Tiempo de preparación: 5 minutos
Tiempo de cocción: 20 minutos
Raciones: 4 personas

INGREDIENTES
- ½ onza de jengibre fresco, pelado y en rodajas finas
- 1 libra de peras coreano-americanas, peladas
- 24 granos de pimienta negra
- 3 tazas de agua
- 2 cucharadas de azúcar o miel
- Piñones para terminar si se desea

DIRECCIONES
a) Colocar el agua en una cacerola y agregar el jengibre, calentar hasta que hierva y dejar reposar durante 6-8 minutos.
b) Mientras tanto, corta las peras en 8 gajos.
c) Ahora inserte 3 granos de pimienta en cada gajo de pera, asegurándose de que entren bien y no se caigan.
d) Saca el jengibre del agua y ponle el azúcar o la miel y las peras, cocina a fuego lento durante 10 minutos.
e) Una vez listo sacar y enfriar, luego poner en el frigorífico para que se enfríe.
f) Sirva frío o puede servirse caliente si lo desea, espolvoree con nueces si lo usa.

45. Sorbete helado de leche coreano-estadounidense

Tiempo de preparación: 3 minutos
Tiempo de cocción: 3 minutos
Raciones: 2 personas

INGREDIENTES
- 2 cucharadas de mini tortas de arroz mochi
- 2 cucharadas de pasta de frijoles rojos endulzados
- 4 cucharaditas de polvo multigrano coreano-americano
- 2-3 tortas de arroz glutinoso coreano-estadounidense, cubiertas con polvo de soja tostada, cortadas en dados de ¾ de pulgada
- 4 cucharaditas de hojuelas de almendras naturales
- por el hielo
- 2 cucharadas de leche condensada, endulzada
- 1 taza de leche

DIRECCIONES
a) Mezcle la leche condensada y la leche en una taza con borde para verter.
b) Coloque la mezcla en una cubitera y congele hasta que se convierta en bloques de hielo, alrededor de 5 horas.
c) Una vez fijados, retírelos y colóquelos en una licuadora, o si puede afeitarlos, pulse hasta que quede suave.
d) Coloque todos los ingredientes en un recipiente para servir que se haya enfriado.
e) En la base poner 3 cucharadas de sorbete, luego espolvorear con 1 cucharadita de polvo multigrano.
f) Luego agregue otras 3 cucharadas del sorbete, seguido de más polvo de grano.
g) Ahora coloca encima las tortitas de arroz y la pasta de frijoles.
h) Espolvorear con almendras y servir.

46. Brochetas De Pastel De Arroz Coreano-Americano

Tiempo de preparación: 10 minutos
Tiempo de cocción: 10 minutos
Raciones: 4 personas

INGREDIENTES
PARA EL PRINCIPAL
- aceite para cocinar
- Pasteles de arroz coreano-americano de 32 piezas
- 2 cucharadas de nueces trituradas, de tu elección o semillas de sésamo

PARA LA SALSA
- 1 cucharada de miel
- 1 ½ cucharadas de salsa de tomate
- 1 cucharadita de azúcar moreno oscuro
- 1 cucharada de pasta de chile coreano-estadounidense
- ½ cucharada de salsa de soya
- ¼ de cucharadita de ajo picado
- 1 cucharadita de aceite de sésamo

DIRECCIONES
a) Agregue las tortas de arroz al agua hirviendo para ablandarlas durante solo 30 segundos, luego enjuague con agua fría y escurra.
b) Secarlas con papel de cocina para quitarles el exceso de agua.
c) Coloque una segunda sartén en la estufa y agregue los ingredientes de la salsa, caliente y revuelva para derretir el azúcar o la miel, siga revolviendo para evitar que se queme, retire cuando espese.
d) Coloque los pasteles en un pincho, asegurándose de que encaje en su sartén.
e) Calentar un poco de aceite en una sartén, una vez caliente colocar en las brochetas y sofreír por 1 minuto.

f) Sacar y untar con la salsa por todas partes.
g) Terminar con semillas de sésamo o nueces.

47. Pastel coreano-americano de fresas y kiwi

Tiempo de preparación: 30 minutos
Tiempo de cocción: 15 minutos
Raciones: 8 personas

INGREDIENTES
1 taza de azúcar
11 cucharadas de harina para todo uso
1 cucharada de agua
6 huevos grandes
1 cucharada de agua caliente
2 tazas de crema espesa
3 cucharadas de aceite vegetal
1 cucharadita de extracto de vainilla
1 taza de fresas, picadas
2 cucharadas de miel
1 taza de kiwi picado

DIRECCIONES
1. Caliente la estufa a 375°F y coloque papel pergamino en una bandeja para hornear de 16×11.
2. Pasar la harina por un colador a un bol.
3. Bate las claras de huevo por 60 segundos hasta que estén espumosas, luego agrega lentamente el azúcar y bate hasta que alcance picos, si tienes una batidora eléctrica esto sería mejor.
4. A continuación, agregue suavemente las yemas una a una batiendo durante 60 segundos entre agregar, una vez que estén todas agregue el agua y el aceite, vuelva a batir durante 10 segundos.
5. Ahora mezcle la harina lentamente y mezcle bien.
6. Agregue la mezcla para pastel a la bandeja para hornear y baje la bandeja un par de veces para eliminar el aire.
7. Cocine en el horno durante 12-15 minutos.

8. Cuando esté listo, saque y coloque papel pergamino encima, luego desmolde, retire el papel de la base y colóquelo en una rejilla para enfriar.
9. Mientras permanece caliente, enróllalo con el papel pergamino, dejándolo dentro del rollo de pastel.
10. Deje que se enfríe durante otros 10 minutos.
11. Mientras espera, mezcle la miel y el agua y colóquelos a un lado.
12. Batir la nata con la vainilla y el resto del azúcar a punto de nieve.
13. A continuación, tome el pastel y desenróllelo, saque el papel y corte un extremo en ángulo, para lograr una apariencia final.
14. Unte la miel sobre el bizcocho seguido de la nata.
15. Agregue el kiwi y las fresas, luego enróllelo, manténgalo redondo colocando papel pergamino alrededor.
16. Dejar en la nevera durante 20 minutos para que mantenga su forma.
17. Rebanar y servir.

48. Postre Yakwa Coreano-Americano

Tiempo de preparación: 25 minutos
Tiempo de cocción: 35 minutos
Porciones: 6-8 personas

INGREDIENTES
- ¼ taza de soju
- 2 ¼ tazas de harina de repostería o harina de proteína media
- ¼ taza de miel
- ¼ taza de aceite de sésamo
- 1 cucharadita de polvo de hornear
- 2 cucharadas de piñones picados
- ⅛ cucharadita de sal
- 2 cucharadas de mantequilla derretida
- ¼ de cucharadita de bicarbonato de sodio
- para el almíbar
- 2 tazas de agua
- 1 taza de jarabe de arroz
- 1 cucharada de jengibre fresco rallado
- 1 taza de miel

DIRECCIONES
a) Caliente la estufa a 250°F.
b) Coloque la sal, el bicarbonato de sodio, el polvo y la harina en un tazón y mezcle.
c) Ahora agregue el aceite de sésamo y use sus manos para mezclar.
d) Usando un tazón más pequeño, mezcle la miel y el soju, luego agregue a la mezcla de masa, mezcle suavemente.
e) Una vez que tengas la masa dividir en 2 partes.
f) Coloque 1 mitad en una superficie de trabajo y extiéndala en un rectángulo de ¼ de pulgada de grosor.
g) Cortar en piezas de 1 × 1 pulgada o se puede cortar en diagonal para formar diamantes.

h) Haga agujeros en la parte superior con un tenedor y unte con mantequilla la parte superior de cada uno.
i) Coloque en una bandeja para hornear y cocine en el horno durante 15 minutos.
j) Mientras tanto, agregue la miel, el agua y el jarabe de arroz a una cacerola o sartén y caliente revolviendo hasta que hierva, luego apague el fuego y agregue el jengibre, déjelo a un lado.
k) Encienda la estufa a 300°F y durante otros 10 minutos.
l) Ahora, por última vez, encienda la estufa a 350°F y cocine por otros 7 minutos, o hasta que se dore.
m) Una vez los saques, échalos directamente en el almíbar y déjalos durante ½ hora, cuanto más mejor.
n) Sacar al servir y espolvorear con piñones.

49. Pudín de tapioca coreano-americano

Tiempo de preparación: minutos

Tiempo de cocción: minutos
Raciones: 6 personas

INGREDIENTES

2 ½ yemas de huevo grandes
3 tazas de leche entera
¼ de taza) de azúcar
⅓ taza de perlas pequeñas de tapioca
1 vaina de vainilla
¼ de cucharadita de extracto puro de vainilla
3 cucharadas de té coreano-americano de miel y limón
½ cucharadita de sal

DIRECCIONES

1.Coloque la leche en un porta 4 tazas, agregue ¾ de taza a una cacerola de base pesada y ponga la tapioca, deje por 60 minutos.
2. Batir las yemas de huevo, el azúcar y la sal, cortar la semilla de vainilla y quitar las semillas, agregarlas al portavasos para 4 tazas.
3. Cuando la tapioca esté lista, mézclala con la crema pastelera y colócala en la estufa hasta que hierva, no olvides revolver.
4. Una vez que hierva, baje el fuego y cocine a fuego lento durante 20 minutos.
5. Retire del fuego y mezcle el extracto de vainilla con el té coreano-americano.
6. Sirva cuando esté listo.

50. Pastel de arroz picante coreano-estadounidense

Tiempo de preparación: minutos
Tiempo de cocción: minutos
Raciones: 1 persona

INGREDIENTES
- 2 cucharaditas de azúcar
- 1 taza de pastel de arroz
- 1 cucharadita de salsa de soya
- 2 cucharaditas de pasta de frijol picante coreano-estadounidense
- Semillas de sésamo para terminar
- ¾ taza de agua

DIRECCIONES
a) Agrega el agua a una olla con la pasta de frijol y el azúcar, calienta hasta que hierva.
b) Ahora coloque el pastel de arroz, baje el fuego y cocine a fuego lento durante 10 minutos.
c) Servir cuando esté listo.

51. Peras al Horno en Wonton Crisps y Miel, Canela Mascarpone

Tiempo de preparación: 20 minutos

Tiempo de cocción: 45 minutos

Raciones: 4 personas

INGREDIENTES

- ½ cucharadita de canela molida, dividida
- 2 peras coreano-americanas
- ½ taza más 1 cucharada de miel, cantidad dividida
- 4 - 6×6 envoltorios de wonton
- ¼ taza de mascarpone
- 1 ½ cucharadas de mantequilla sin sal derretida

DIRECCIONES

a) Caliente la estufa a 375°F y cubra una bandeja para hornear con papel pergamino.
b) Corta ½ pulgada de la base y la parte superior de la pera.
c) Ahora pélalos y córtalos por la mitad horizontal, saca las semillas.
d) Coloque los envoltorios en una superficie plana y seca, agregue la mitad de la pera a cada envoltorio y espolvoree con canela, luego espolvoree con un poco de miel alrededor de 1 cucharada.
e) Levanta las esquinas y sella con la miel.
f) Coloque estos en la bandeja para hornear y cocine en el horno durante 45 minutos, si la masa se tiñe demasiado, simplemente cubra con un poco de papel de aluminio.
g) Mezcle el resto de la miel, la canela y el mascarpone en una mezcla suave.
h) Servir los paquetitos con el mascarpone.

52. Pastel De Arroz Dulce Saludable

Tiempo de preparación: minutos
Tiempo de cocción: minutos
Raciones: 10 personas

INGREDIENTES
- ½ taza de kabocha seca u otro tipo de calabaza
- 1 taza de frijoles de soya negros remojados
- 10 castañas, en cuartos
- 12 dátiles secos
- ½ taza de nueces, en cuartos
- ⅓ taza de harina de almendras
- 5 tazas de harina de arroz dulce húmeda congelada, descongelada
- 3 cucharadas de azúcar

DIRECCIONES
a) Lave la calabaza rehidratada con una cucharada de agua, agregue más si es necesario para suavizarla.
b) Usando un tazón grande, mezcle el azúcar, la harina de almendras y la harina de arroz, mezcle bien.
c) Ahora agregue 2 cucharadas de agua y, con las manos, frote, trate de que quede sin grumos.
d) A continuación, mezcle el resto de los ingredientes y mezcle.
e) Coloque una olla de vapor en la estufa y use un paño húmedo para forrar la canasta.
f) Agregue la mezcla con una cuchara grande y nivele, coloque un paño sobre la parte superior y cocine al vapor durante ½ hora.
g) Saque cuando esté listo y frío, una vez que pueda manejarlo, déle la vuelta y déle la vuelta sobre una superficie de trabajo.
h) Retire la tela y córtela y déle forma para servir pociones.

ALMUERZO CALIENTE

53. Tazones de burrito de pollo

INGREDIENTES
salsa cremosa de chipotle
- ½ taza de yogur griego sin grasa
- 1 chile chipotle adobado, picado o más al gusto
- 1 diente de ajo, picado
- 1 cucharada de jugo de lima recién exprimido

Bol de Burrito
- ⅔ taza de arroz integral
- 1 cucharada de aceite de oliva
- 1 libra de pollo molido
- ½ cucharadita de chile en polvo
- ½ cucharadita de ajo en polvo
- ½ cucharadita de comino molido
- ½ cucharadita de orégano seco
- ¼ de cucharadita de cebolla en polvo
- ¼ de cucharadita de pimentón
- Sal kosher y pimienta negra recién molida, al gusto
- 1 lata (15 onzas) de frijoles negros, escurridos y enjuagados
- 1 ¾ tazas de granos de elote (congelados, enlatados o tostados)
- ½ taza de pico de gallo (casero o comprado)

DIRECCIONES
a) PARA LA SALSA DE CREMA DE CHIPOTLE: Batir el yogur, el chile chipotle, el ajo y el jugo de limón. Cubra y refrigere por hasta 3 días.

b) Cocine el arroz según las instrucciones del paquete en una cacerola grande con 2 tazas de agua; dejar de lado.

c) Caliente el aceite de oliva en una olla grande o en un horno holandés a fuego medio-alto. Agrega el pollo molido, el chile en polvo, el ajo en polvo, el comino, el orégano, la cebolla en polvo y la paprika; Condimentar con sal y pimienta. Cocine hasta que el pollo se dore, de 3 a 5 minutos, asegurándose de desmenuzar el pollo mientras se cocina; drenar el exceso de grasa.

d) Divida el arroz en recipientes de preparación de comidas. Cubra con la mezcla de pollo molido, frijoles negros, maíz y pico de gallo. Se mantendrá tapado en el refrigerador durante 3 a 4 días. Rocíe con salsa de crema de chipotle. Adorne con cilantro y una rodaja de lima, si lo desea, y sirva. Vuelva a calentar en el microondas en intervalos de 30 segundos hasta que se caliente por completo.

54. Pollo tikka masala

INGREDIENTES
- 1 taza de arroz basmati
- 2 cucharadas de mantequilla sin sal
- 1 ½ libras de pechugas de pollo deshuesadas y sin piel, cortadas en trozos de 1 pulgada
- Sal kosher y pimienta negra recién molida, al gusto
- 1 cebolla, picada
- 2 cucharadas de pasta de tomate
- 1 cucharada de jengibre recién rallado
- 3 dientes de ajo, picados
- 2 cucharaditas de garam masala
- 2 cucharaditas de chile en polvo
- 2 cucharaditas de cúrcuma molida
- 1 lata (28 onzas) de tomates cortados en cubitos
- 1 taza de caldo de pollo
- ⅓ taza de crema espesa
- 1 cucharada de jugo de limón fresco
- ¼ taza de hojas de cilantro fresco picado (opcional)
- 1 limón, cortado en gajos (opcional)

DIRECCIONES

a) Cocine el arroz según las instrucciones del paquete en una cacerola grande con 2 tazas de agua; dejar de lado.

b) Derrita la mantequilla en una sartén grande a fuego medio. Sazone el pollo con sal y pimienta. Agregue el pollo y la cebolla a la sartén y cocine, revolviendo ocasionalmente, hasta que estén dorados, de 4 a 5 minutos. Agregue la pasta de tomate, el jengibre, el ajo, el garam masala, el chile en polvo y la cúrcuma y cocine hasta que estén bien combinados, de 1 a 2 minutos. Agregue los tomates cortados en cubitos y el caldo de pollo. Llevar a hervir; reduzca el fuego y cocine a fuego lento, revolviendo ocasionalmente, hasta que espese un poco, aproximadamente 10 minutos.

c) Agregue la crema, el jugo de limón y el pollo y cocine hasta que esté bien caliente, aproximadamente 1 minuto.

d) Coloque la mezcla de arroz y pollo en recipientes de preparación de comidas. Adorne con cilantro y una rodaja de limón, si lo desea, y sirva. Se mantendrá tapado en el refrigerador de 3 a 4 días. Vuelva a calentar en el microondas en intervalos de 30 segundos hasta que se caliente por completo.

55. Cuencos de pollo griego

INGREDIENTES
Pollo y arroz
- 1 libra de pechugas de pollo deshuesadas y sin piel
- ¼ de taza más 2 cucharadas de aceite de oliva, cantidad dividida
- 3 dientes de ajo, picados
- Jugo de 1 limón
- 1 cucharada de vinagre de vino tinto
- 1 cucharada de orégano seco
- Sal kosher y pimienta negra recién molida, al gusto
- ¾ taza de arroz integral

Ensalada de pepino
- 2 pepinos ingleses, pelados y rebanados
- ½ taza de cebolla roja en rodajas finas
- Jugo de 1 limón
- 2 cucharadas de aceite de oliva virgen extra
- 1 cucharada de vinagre de vino tinto
- 2 dientes de ajo, prensados
- ½ cucharadita de orégano seco

Salsa tzatziki
- 1 taza de yogur griego
- 1 pepino inglés, finamente picado
- 2 dientes de ajo, prensados
- 1 cucharada de eneldo fresco picado
- 1 cucharadita de ralladura de limón
- 1 cucharada de jugo de limón recién exprimido
- 1 cucharadita de menta fresca picada (opcional)
- Sal kosher y pimienta negra recién molida, al gusto
- 2 cucharadas de aceite de oliva virgen extra
- 1 ½ libras de tomates cherry, cortados a la mitad

DIRECCIONES

a) PARA EL POLLO: En una bolsa ziplock del tamaño de un galón, combine el pollo, ¼ de taza de aceite de oliva, el ajo, el jugo de limón, el vinagre y el orégano; Condimentar con sal y pimienta. Marina el pollo en el refrigerador durante al menos 20 minutos o hasta 1 hora, volteando la bolsa de vez en cuando. Escurra el pollo y deseche la marinada.

b) Caliente las 2 cucharadas restantes de aceite de oliva en una sartén grande a fuego medio-alto. Agregue el pollo y cocine, volteando una vez, hasta que esté bien cocido, de 3 a 4 minutos por lado. Dejar enfriar antes de cortar en dados del tamaño de un bocado.

c) Cocine el arroz en una cacerola grande con 2 tazas de agua según las instrucciones del paquete.

d) Divida el arroz y el pollo en recipientes de preparación de comida. Se mantendrá tapado en el refrigerador hasta por 3 días.

e) PARA LA ENSALADA DE PEPINO: Combine los pepinos, la cebolla, el jugo de limón, el aceite de oliva, el vinagre, el ajo y el orégano en un tazón pequeño. Cubra y refrigere por hasta 3 días.

f) PARA LA SALSA TZATZIKI: Combine el yogur, el pepino, el ajo, el eneldo, la ralladura y el jugo de limón y la menta (si se usa) en un tazón pequeño. Sazone con sal y pimienta al gusto y rocíe con el aceite de oliva. Cubra y refrigere durante al menos 10 minutos, permitiendo que los sabores se mezclen. Se puede refrigerar de 3 a 4 días.

g) Para servir, recaliente el arroz y el pollo en el microondas en intervalos de 30 segundos, hasta que se caliente por completo. Cubra con ensalada de pepino, tomates y salsa Tzatziki y sirva.

56. <u>Tazones de carne de res preparados para comidas coreano-estadounidenses</u>

INGREDIENTES
- ⅔ taza de arroz blanco o integral
- 4 huevos medianos
- 1 cucharada de aceite de oliva
- 2 dientes de ajo, picados
- 4 tazas de espinacas picadas

carne de res coreano-americana
- 3 cucharadas de azúcar morena envasada
- 3 cucharadas de salsa de soja reducida en sodio
- 1 cucharada de jengibre recién rallado
- 1 ½ cucharaditas de aceite de sésamo
- ½ cucharadita de sriracha (opcional)
- 2 cucharaditas de aceite de oliva
- 2 dientes de ajo, picados
- 1 libra de carne molida
- 2 cebollas verdes, en rodajas finas (opcional)
- ¼ de cucharadita de semillas de sésamo (opcional)

DIRECCIONES
a) Cocine el arroz según las instrucciones del paquete; dejar de lado.

b) Coloque los huevos en una cacerola grande y cubra con agua fría por 1 pulgada. Llevar a ebullición y cocinar por 1 minuto. Cubre la olla con una tapa que cierre bien y retira del fuego; deja reposar de 8 a 10 minutos. Escurra bien y deje enfriar antes de pelar y cortar por la mitad.

c) Caliente el aceite de oliva en una sartén grande a fuego medio-alto. Agregue el ajo y cocine, revolviendo con frecuencia, hasta que esté fragante, de 1 a 2 minutos. Agregue las espinacas y cocine hasta que se ablanden, de 2 a 3 minutos; dejar de lado.

d) Para la carne de res: en un tazón pequeño, mezcle el azúcar morena, la salsa de soya, el jengibre, el aceite de sésamo y la sriracha, si la usa.

e) Caliente el aceite de oliva en una sartén grande a fuego medio-alto. Agregue el ajo y cocine, revolviendo constantemente, hasta que esté fragante, aproximadamente 1 minuto. Agregue la carne molida y cocine hasta que se dore, de 3 a 5 minutos, asegurándose de desmenuzar la carne mientras se cocina; drenar el exceso de grasa. Agregue la mezcla de salsa de soya y las cebollas verdes hasta que estén bien combinados, luego cocine a fuego lento hasta que se caliente por completo, aproximadamente 2 minutos.

f) Coloque el arroz, los huevos, las espinacas y la mezcla de carne molida en recipientes de preparación de comida y adorne con cebolla verde y semillas de sésamo, si lo desea. Se mantendrá tapado en el refrigerador de 3 a 4 días.

g) Vuelva a calentar en el microondas en intervalos de 30 segundos hasta que se caliente por completo.

57. Sopa de pollo y ramen en tarro de albañil

INGREDIENTES
- 2 paquetes (5.6 onzas) de fideos yakisoba refrigerados
- 2 ½ cucharadas de concentrado base de caldo de verduras reducido en sodio (nos gusta Better Than Bouillon)
- 1 ½ cucharadas de salsa de soja reducida en sodio
- 1 cucharada de vinagre de vino de arroz
- 1 cucharada de jengibre recién rallado
- 2 cucharaditas de sambal oelek (pasta de chile fresco molido), o más al gusto
- 2 cucharaditas de aceite de sésamo
- 2 tazas de pollo asado desmenuzado sobrante
- 3 tazas de espinacas tiernas
- 2 zanahorias, peladas y ralladas
- 1 taza de hongos shiitake rebanados
- ½ taza de hojas de cilantro fresco
- 2 cebollas verdes, en rodajas finas
- 1 cucharadita de semillas de sésamo

DIRECCIONES
a) En una olla grande con agua hirviendo, cocine el yakisoba hasta que se suelte, de 1 a 2 minutos; escurrir bien.
b) En un tazón pequeño, combine la base de caldo, la salsa de soja, el vinagre, el jengibre, el sambal oelek y el aceite de sésamo.
c) Divida la mezcla de caldo en 4 frascos de vidrio de boca ancha (24 onzas) con tapas u otros recipientes resistentes al calor. Cubra con yakisoba, pollo, espinacas, zanahorias, champiñones, cilantro, cebollas verdes y semillas de sésamo. Cubra y refrigere por hasta 4 días.

d) Para servir, destape un frasco y agregue suficiente agua caliente para cubrir el contenido, aproximadamente 1 $\frac{1}{4}$ tazas. Cocine en el microondas, sin tapar, hasta que se caliente por completo, de 2 a 3 minutos. Deje reposar 5 minutos, revuelva para combinar y sirva de inmediato.

58. Boloñesa a la boloñesa

INGREDIENTES
- 2 cucharadas de aceite de oliva
- 1 libra de carne molida
- 1 libra de salchicha italiana, sin tripas
- 1 cebolla picada
- 4 dientes de ajo, picados
- 3 latas (14.5 onzas) de tomates cortados en cubitos, escurridos
- 2 latas (15 onzas) de salsa de tomate
- 3 hojas de laurel
- 1 cucharadita de orégano seco
- 1 cucharadita de albahaca seca
- ½ cucharadita de tomillo seco
- 1 cucharadita de sal kosher
- ½ cucharadita de pimienta negra recién molida
- 2 paquetes (16 onzas) de queso mozzarella reducido en grasa, en cubos
- 32 onzas de fusilli de trigo integral crudo, cocinado según las instrucciones del paquete; unas 16 tazas cocidas

DIRECCIONES
a) Caliente el aceite de oliva en una sartén grande a fuego medio-alto. Agregue la carne molida, la salchicha, la cebolla y el ajo. Cocine hasta que se dore, de 5 a 7 minutos, asegurándose de desmenuzar la carne y la salchicha mientras se cocina; drenar el exceso de grasa.

b) Transfiera la mezcla de carne molida a una olla de cocción lenta de 6 cuartos. Agregue los tomates, la salsa de tomate, las hojas de laurel, el orégano, la albahaca, el tomillo, la sal y la pimienta. Tape y cocine a fuego lento durante 7 horas y 45 minutos. Retire la tapa y gire la olla de cocción lenta a temperatura alta. Continúe cocinando durante 15 minutos, hasta que la salsa se haya espesado. Deseche las hojas de laurel y deje que la salsa se enfríe por completo.

c) Divida la salsa en 16 frascos de vidrio de boca ancha (24 onzas) con tapas u otros recipientes resistentes al calor. Cubra con mozzarella y fusilli. Refrigere hasta por 4 días.

d) Para servir, cocine en el microondas, sin tapar, hasta que se caliente por completo, aproximadamente 2 minutos. Revuelve para combinar.

59. Lasaña en tarro de albañil

INGREDIENTES
- 3 fideos de lasaña
- 1 cucharada de aceite de oliva
- ½ libra de solomillo molido
- 1 cebolla, picada
- 2 dientes de ajo, picados
- 3 cucharadas de pasta de tomate
- 1 cucharadita de condimento italiano
- 2 latas (14.5 onzas) de tomates cortados en cubitos
- 1 calabacín mediano, rallado
- 1 zanahoria grande, rallada
- 2 tazas de espinacas tiernas ralladas
- Sal kosher y pimienta negra recién molida, al gusto
- 1 taza de queso ricotta parcialmente descremado
- 1 taza de queso mozzarella rallado, dividido
- 2 cucharadas de hojas de albahaca fresca picada

DIRECCIONES

a) En una olla grande con agua hirviendo con sal, cocina la pasta según las instrucciones del paquete; escurrir bien. Corta cada fideo en 4 pedazos; dejar de lado.

b) Caliente el aceite de oliva en una sartén grande o en un horno holandés a fuego medio-alto. Agregue el solomillo molido y la cebolla y cocine hasta que se doren, de 3 a 5 minutos, asegurándose de desmenuzar la carne mientras se cocina; drenar el exceso de grasa.

c) Agregue el ajo, la pasta de tomate y el condimento italiano y cocine hasta que esté fragante, de 1 a 2 minutos. Agregue los tomates, reduzca el fuego y cocine a fuego lento hasta que espese un poco, de 5 a 6 minutos. Agregue el calabacín, la zanahoria y la espinaca y cocine, revolviendo con frecuencia, hasta que estén tiernos, de 2 a 3 minutos. Sazone con sal y pimienta al gusto. Ponga la salsa a un lado.

d) En un tazón pequeño, combine la ricotta, ½ taza de mozzarella y la albahaca; sazona con sal y pimienta al gusto

e) Precaliente el horno a 375 grados F. Engrase ligeramente 4 frascos de vidrio de boca ancha (16 onzas) con tapas u otros recipientes aptos para horno, o cubra con spray antiadherente.

f) Coloque 1 pieza de pasta en cada frasco. Divide un tercio de la salsa en los frascos. Repita con una segunda capa de pasta y salsa. Cubra con la mezcla de ricota, la pasta restante y la salsa restante. Espolvorea con la ½ taza restante de queso mozzarella.

g) Coloque los frascos en una bandeja para hornear. Coloque en el horno y hornee hasta que burbujee, de 25 a 30 minutos; enfriar completamente. Refrigere hasta por 4 días.

60. Sopa desintoxicante de miso y jengibre

INGREDIENTES

- 2 cucharaditas de aceite de sésamo tostado
- 2 cucharaditas de aceite de canola
- 3 dientes de ajo, picados
- 1 cucharada de jengibre recién rallado
- 6 tazas de caldo de verduras
- 1 hoja de kombu, cortada en trozos pequeños
- 4 cucharaditas de pasta de miso blanco
- 1 paquete (3.5 onzas) de hongos shiitake, en rodajas (alrededor de 2 tazas)
- 8 onzas de tofu firme, en cubos
- 5 bok choy bebé, picados
- $\frac{1}{4}$ taza de cebollas verdes en rodajas

DIRECCIONES

a) Caliente el aceite de sésamo y el aceite de canola en una olla grande o en un horno holandés a fuego medio. Agregue el ajo y el jengibre y cocine, revolviendo con frecuencia, hasta que estén fragantes, de 1 a 2 minutos. Agregue el caldo, el kombu y la pasta de miso y deje hervir. Tape, reduzca el fuego y cocine a fuego lento durante 10 minutos. Agregue los champiñones y cocine hasta que estén tiernos, aproximadamente 5 minutos.

b) Agregue el tofu y el bok choy y cocine hasta que el tofu esté completamente caliente y el bok choy esté tierno, aproximadamente 2 minutos. Agregue las cebollas verdes. Servir inmediatamente.

c) O, para prepararlo con anticipación, deje que el caldo se enfríe por completo al final del paso 1. Luego agregue el tofu, el bok choy y las cebollas verdes. Divida en recipientes herméticos, cubra y refrigere por hasta 3 días. Para recalentar, colóquelo en el microondas en intervalos de 30 segundos hasta que se caliente por completo.

61. batatas rellenas

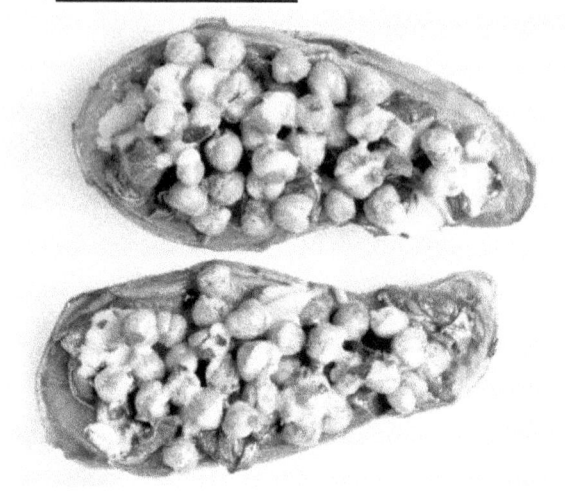

RENDIMIENTO: 4 PORCIONES
INGREDIENTES
- 4 batatas medianas

DIRECCIONES

a) Precaliente el horno a 400 grados F. Cubra una bandeja para hornear con papel pergamino o papel de aluminio.

b) Coloque las batatas en una sola capa en la bandeja para hornear preparada. Hornee hasta que estén tiernos, aproximadamente 1 hora y 10 minutos.

c) Deje reposar hasta que se enfríe lo suficiente como para manejar.

62. Patatas Rellenas De Pollo Coreano-Americano

INGREDIENTES

- ½ taza de vinagre de vino de arroz sazonado
- 1 cucharada de azúcar
- Sal kosher y pimienta negra recién molida, al gusto
- 1 taza de zanahorias en palitos
- 1 chalote grande, en rodajas
- ¼ de cucharadita de hojuelas de pimiento rojo triturado
- 2 cucharaditas de aceite de sésamo
- 1 paquete (10 onzas) de espinacas frescas
- 2 dientes de ajo, picados
- 4 boniatos asados (aquí)
- 2 tazas de pollo al sésamo coreano-americano picante (aquí)

DIRECCIONES

a) En una cacerola pequeña, combine el vinagre, el azúcar, 1 cucharadita de sal y ¼ de taza de agua. Llevar a ebullición a temperatura media. Agregue las zanahorias, la chalota y las hojuelas de pimiento rojo. Retire del fuego y deje reposar 30 minutos.

b) Caliente el aceite de sésamo en una sartén grande a fuego medio. Agregue la espinaca y el ajo y cocine hasta que la espinaca se haya marchitado, de 2 a 4 minutos. Sazone con sal y pimienta al gusto.

c) Cortar las papas por la mitad a lo largo y sazonar con sal y pimienta. Cubra con el pollo, la mezcla de zanahoria y las espinacas.

d) Divida las batatas en recipientes de preparación de comidas. Refrigere hasta por 3 días. Vuelva a calentar en el microondas en intervalos de 30 segundos hasta que se caliente por completo.

63. Patatas Rellenas De Kale Y Pimiento Rojo

INGREDIENTES
- 1 cucharada de aceite de oliva
- 2 dientes de ajo, picados
- 1 cebolla dulce, picada
- 1 cucharadita de pimentón ahumado
- 1 pimiento rojo, en rodajas finas
- 1 manojo de col rizada, sin tallos y hojas picadas
- Sal kosher y pimienta negra recién molida, al gusto
- 4 batatas asadas
- ½ taza de queso feta bajo en grasa desmenuzado

DIRECCIONES
a) Caliente el aceite de oliva en una sartén grande a fuego medio. Agregue el ajo y la cebolla y cocine, revolviendo con frecuencia, hasta que la cebolla esté transparente, de 2 a 3 minutos. Agregue el pimentón y cocine hasta que esté fragante, aproximadamente 30 segundos.

b) Agregue el pimiento y cocine hasta que esté tierno pero crujiente, aproximadamente 2 minutos. Agregue la col rizada, un puñado a la vez, y cocine hasta que esté verde brillante y apenas marchita, de 3 a 4 minutos.

c) Cortar las papas por la mitad y sazonar con sal y pimienta. Cubra con la mezcla de col rizada y queso feta.

d) Divida las batatas en recipientes de preparación de comidas.

64. Patatas Rellenas De Pollo A La Mostaza

INGREDIENTES
- 1 cucharada de aceite de oliva
- 2 tazas de judías verdes frescas cortadas
- 1 ½ tazas de champiñones cremini en cuartos
- 1 chalota, picada
- 1 diente de ajo, picado
- 2 cucharadas de hojas de perejil fresco picado
- Sal kosher y pimienta negra recién molida, al gusto
- 4 boniatos asados (aquí)
- 2 tazas de pollo con mostaza y miel (aquí)

DIRECCIONES
a) Caliente el aceite de oliva en una sartén grande a fuego medio. Agregue las judías verdes, los champiñones y la chalota y cocine, revolviendo con frecuencia, hasta que las judías verdes estén tiernas y crujientes, de 5 a 6 minutos. Agregue el ajo y el perejil y cocine hasta que estén fragantes, aproximadamente 1 minuto. Sazone con sal y pimienta al gusto.

b) Cortar las papas por la mitad a lo largo y sazonar con sal y pimienta. Cubra con la mezcla de judías verdes y el pollo.

c) Divida las batatas en recipientes de preparación de comidas. Refrigere hasta por 3 días. Vuelva a calentar en el microondas en intervalos de 30 segundos hasta que se caliente por completo.

65. Patatas Rellenas De Frijoles Negros Y Pico De Gallo

INGREDIENTES
Frijoles negros
- 1 cucharada de aceite de oliva
- ½ cebolla dulce, picada
- 1 diente de ajo, picado
- 1 cucharadita de chile en polvo
- ½ cucharadita de comino molido
- 1 lata (15.5 onzas) de frijoles negros, enjuagados y escurridos
- 1 cucharadita de vinagre de sidra de manzana
- Sal kosher y pimienta negra recién molida, al gusto

pico de gallo
- 2 tomates ciruela, cortados en cubitos
- ½ cebolla dulce, picada
- 1 jalapeño, sin semillas y picado
- 3 cucharadas de hojas de cilantro fresco picado
- 1 cucharada de jugo de lima recién exprimido
- Sal kosher y pimienta negra recién molida, al gusto
- 4 boniatos asados (aquí)
- 1 aguacate, cortado a la mitad, sin hueso, pelado y cortado en cubitos
- ¼ taza de crema agria ligera

DIRECCIONES
a) PARA LOS FRIJOLES: Caliente el aceite de oliva en una cacerola mediana a fuego medio. Agregue la cebolla y cocine, revolviendo con frecuencia, hasta que esté transparente, de 2 a 3 minutos. Agregue el ajo, el chile en polvo y el comino y cocine hasta que estén fragantes, aproximadamente 1 minuto.

b) Agregue los frijoles y ⅔ de taza de agua. Llevar a fuego lento, reducir el fuego y cocinar hasta que se reduzca, de 10 a 15 minutos. Usando un machacador de papas, triture los frijoles hasta que alcancen la consistencia suave y deseada. Agregue el vinagre y sazone con sal y pimienta al gusto.

c) PARA EL PICO DE GALLO: Combine los tomates, la cebolla, el jalapeño, el cilantro y el jugo de limón en un tazón mediano. Sazone con sal y pimienta al gusto.

d) Cortar las papas por la mitad a lo largo y sazonar con sal y pimienta. Cubra con la mezcla de frijoles negros y pico de gallo.

e) Divida las batatas en recipientes de preparación de comidas. Refrigere hasta por 3 días. Vuelva a calentar en el microondas en intervalos de 30 segundos hasta que se caliente por completo.

66. Fideos de calabacín con albóndigas de pavo

INGREDIENTES
- 1 libra de pavo molido
- ⅓ taza de panko
- 3 cucharadas de queso parmesano recién rallado
- 2 yemas de huevo grandes
- ¾ cucharadita de orégano seco
- ¾ cucharadita de albahaca seca
- ½ cucharadita de perejil seco
- ¼ de cucharadita de ajo en polvo
- ¼ de cucharadita de hojuelas de pimiento rojo triturado
- Sal kosher y pimienta negra recién molida, al gusto
- 2 libras (3 medianas) de calabacín, en espiral
- 2 cucharaditas de sal kosher
- 2 tazas de salsa marinara (casera o comprada)
- ¼ taza de queso parmesano recién rallado

DIRECCIONES
a) Precaliente el horno a 400 grados F. Engrase ligeramente una fuente para hornear de 9x13 pulgadas o cubra con spray antiadherente.

b) En un tazón grande, combine el pavo molido, el panko, el queso parmesano, las yemas de huevo, el orégano, la albahaca, el perejil, el ajo en polvo y las hojuelas de pimiento rojo; Condimentar con sal y pimienta. Usando una cuchara de madera o con las manos limpias, mezcle hasta que esté bien

combinado. Enrolle la mezcla en 16 a 20 albóndigas, cada una de 1 a 1 ½ pulgadas de diámetro.
c) Coloque las albóndigas en la fuente para hornear preparada y hornee durante 15 a 18 minutos, hasta que se doren por completo y estén bien cocidas; dejar de lado.
d) Coloque el calabacín en un colador sobre el fregadero. Agregue la sal y revuelva suavemente para combinar; deja reposar por 10 minutos. En una olla grande con agua hirviendo, cocina los calabacines de 30 segundos a 1 minuto; escurrir bien.
e) Divida el calabacín en recipientes de preparación de comida. Cubra con albóndigas, salsa marinara y queso parmesano. Se mantendrá tapado en el refrigerador de 3 a 4 días. Vuelva a calentar en el microondas, sin tapar, en intervalos de 30 segundos hasta que se caliente por completo.

67. Albóndigas Fáciles

Rinde unas 18 albóndigas

INGREDIENTES
- 20 onzas (600 g) de pechuga de pavo molida extra magra
- ½ taza (40 g) de harina de avena
- 1 huevo
- 2 tazas (80 g) de espinacas picadas (opcional)
- 1 cucharadita de ajo en polvo
- ¾ cucharaditas de sal
- ½ cucharaditas de pimienta

DIRECCIONES
a) Precaliente el horno a 350F (180C).
b) Mezclar todos los ingredientes en un bol.
c) Enrolle la carne en albóndigas del tamaño de una pelota de golf y transfiérala a una fuente para hornear rociada de 9x13" (30x20cm).
d) Hornee por 15 minutos.

68. Sopa de 3 Ingredientes

Rinde 8 porciones

INGREDIENTES

- 2 15 onzas (425 g cada una) latas de frijoles (yo uso una lata de frijoles negros y una lata de frijoles blancos), escurridas/enjuagadas
- 1 15 onzas (425g) lata de tomates cortados en cubitos
- 1 taza (235 ml) de caldo de pollo/vegetales sal y pimienta al gusto

DIRECCIONES

a) Combine todos los ingredientes en una cacerola a fuego medio-alto. Llevar a hervir.
b) Una vez que hierva, cubra y baje a fuego lento durante 25 minutos.
c) Use su licuadora de inmersión (o transfiérala a una licuadora/procesador normal en lotes) para hacer puré la sopa hasta obtener la consistencia deseada.
d) ¡Sirva caliente con yogur griego como sustituto de la crema agria, queso cheddar bajo en grasa y cebolla verde!
e) Dura hasta 5 días en la nevera.

69. Salsa De Pavo En Olla De Cocción Lenta

Rinde 6 porciones
INGREDIENTES
- 20 onzas (600 g) de pechuga de pavo molida extra magra
- 1 15.5 onzas tarro (440g) de salsa
- sal y pimienta al gusto (opcional)

DIRECCIONES
a) Agregue su pavo molido y salsa a su olla de cocción lenta.
b) Baje el fuego a bajo. Deje cocinar durante 6-8 horas, lento y bajo. Revuelva una o dos veces durante la duración del tiempo de cocción. (Cocine a temperatura alta durante 4 horas si tiene poco tiempo).
c) ¡Sirva con salsa fría adicional, yogur griego como sustituto de la crema agria, queso o cebolla verde!
d) Dura 5 días en la nevera, o 3-4 meses en el congelador.

70. Burrito-Bowl-In-A-Jar

Rinde 1 Tarro

INGREDIENTES
- 2 cucharadas de salsa
- ¼ de taza (40 g) de frijoles/salsa de frijoles ⅓ de taza (60 g) de arroz cocido/quinua
- 3 onzas. (85 g) de pavo molido extra magro cocido, pollo o proteína de su elección
- 2 cucharadas de queso cheddar bajo en grasa
- 1 ½ tazas (60 g) de lechuga/verduras
- 1 cucharada de yogur griego ("crema agria")
- ¼ de aguacate

DIRECCIONES
a) Coloque todos sus ingredientes en capas en el frasco.
b) Almacenar para comer en un momento posterior.
c) Cuando esté listo para comer, vierta el frasco en un plato o tazón para mezclar y devorar.
d) Dura 4-5 días en la nevera.

ALMUERZO FRÍO

71. Tazones de preparación de comida de carnitas

INGREDIENTES
- 2 ½ cucharaditas de chile en polvo
- 1 ½ cucharaditas de comino molido
- 1 ½ cucharaditas de orégano seco
- 1 cucharadita de sal kosher, o más al gusto
- ½ cucharadita de pimienta negra molida, o más al gusto
- 1 lomo de cerdo (3 libras), sin exceso de grasa
- 4 dientes de ajo, pelados
- 1 cebolla, cortada en gajos
- Jugo de 2 naranjas
- Jugo de 2 limas
- 8 tazas de col rizada rallada
- 4 tomates ciruela, picados
- 2 latas (15 onzas) de frijoles negros, escurridos y enjuagados
- 4 tazas de granos de elote (congelados, enlatados o tostados)
- 2 aguacates, cortados por la mitad, sin hueso, pelados y cortados en cubitos
- 2 limas, cortadas en gajos

DIRECCIONES
a) En un tazón pequeño, combine el chile en polvo, el comino, el orégano, la sal y la pimienta. Sazone la carne de cerdo con la mezcla de especias, frotando bien por todos lados.
b) Coloque la carne de cerdo, el ajo, la cebolla, el jugo de naranja y el jugo de lima en una olla de cocción lenta. Tape y cocine a fuego lento durante 8 horas, o a fuego alto durante 4 a 5 horas.
c) Retire el cerdo de la olla y desmenuce la carne. Devuélvelo a la olla y revuélvelo con los jugos; Se sazona con sal y

pimienta si es necesario. Cubra y mantenga caliente durante 30 minutos adicionales.
d) Coloque la carne de cerdo, la col rizada, los tomates, los frijoles negros y el maíz en recipientes de preparación de comidas. Se mantendrá tapado en el refrigerador de 3 a 4 días. Servir con aguacate y gajos de lima.

72. Ensalada de perros calientes de Chicago

INGREDIENTES
- 2 cucharadas de aceite de oliva virgen extra
- 1 ½ cucharadas de mostaza amarilla
- 1 cucharada de vinagre de vino tinto
- 2 cucharaditas de semillas de amapola
- ½ cucharadita de sal de apio
- una pizca de azúcar
- Sal kosher y pimienta negra recién molida, al gusto
- 1 taza de quinua
- 4 perritos calientes de pavo bajos en grasa
- 3 tazas de col rizada rallada
- 1 taza de tomates cherry partidos por la mitad
- ⅓ taza de cebolla blanca picada
- ¼ taza de pimientos deportivos
- 8 puntas de pepinillo

DIRECCIONES
a) PARA HACER LA VINAGRETA: mezcle el aceite de oliva, la mostaza, el vinagre, las semillas de amapola, la sal de apio y el azúcar en un tazón mediano. Sazone con sal y pimienta al gusto. Cubra y refrigere por 3 a 4 días.

b) Cocine la quinoa según las instrucciones del paquete en una cacerola grande con 2 tazas de agua; dejar de lado.

c) Calentar una parrilla a fuego medio-alto. Agregue las salchichas a la parrilla y cocine hasta que estén doradas y ligeramente carbonizadas por todos lados, de 4 a 5 minutos. Dejar enfriar y cortar en trozos del tamaño de un bocado.

d) Divida la quinua, las salchichas, los tomates, la cebolla y los pimientos en recipientes de preparación de comidas. Se mantendrá refrigerado de 3 a 4 días.

e) Para servir, vierta el aderezo sobre la ensalada y revuelva suavemente para combinar. Sirva inmediatamente, adornado con pepinillos, si lo desea.

73. Tazones de taco de pescado

INGREDIENTES

Aderezo de lima y cilantro
- 1 taza de cilantro suelto, sin tallos
- ½ taza de yogur griego
- 2 dientes de ajo,
- Zumo de 1 lima
- pizca de sal kosher
- ¼ taza de aceite de oliva virgen extra
- 2 cucharadas de vinagre de sidra de manzana

tilapia
- 3 cucharadas de mantequilla sin sal, derretida
- 3 dientes de ajo, picados
- ralladura de 1 lima
- 2 cucharadas de jugo de lima recién exprimido, o más al gusto
- 4 filetes de tilapia (4 onzas)
- Sal kosher y pimienta negra recién molida, al gusto
- ⅔ taza de quinua
- 2 tazas de col rizada rallada
- 1 taza de repollo rojo rallado
- 1 taza de granos de elote (enlatados o tostados)
- 2 tomates ciruela, cortados en cubitos
- ¼ taza de totopos triturados
- 2 cucharadas de hojas de cilantro fresco picado

DIRECCIONES

a) PARA EL ADEREZO: Combine el cilantro, el yogur, el ajo, el jugo de limón y la sal en el tazón de un procesador de alimentos. Con el motor en marcha, añadir el aceite de oliva y el vinagre en un chorro lento hasta emulsionar. Cubra y refrigere por 3 a 4 días.

b) PARA LA TILAPIA: Precaliente el horno a 425 grados F. Engrase ligeramente una fuente para hornear de 9x13 pulgadas o cubra con spray antiadherente.
c) En un tazón pequeño, mezcle la mantequilla, el ajo, la ralladura de lima y el jugo de lima. Sazone la tilapia con sal y pimienta y colóquela en la fuente para hornear preparada. Rocíe con la mezcla de mantequilla.
d) Hornee hasta que el pescado se desmenuce fácilmente con un tenedor, de 10 a 12 minutos.
e) Cocine la quinoa según las instrucciones del paquete en una cacerola grande con 2 tazas de agua. Dejar enfriar.
f) Divida la quinua en recipientes de preparación de comidas. Cubra con tilapia, col rizada, repollo, maíz, tomates y chips de tortilla.
g) Para servir, rocíe con aderezo de cilantro y lima, adornado con cilantro, si lo desea.

74. Ensalada de mazorca de cosecha

INGREDIENTES
Aderezo de semillas de amapola
- ¼ taza de leche al 2%
- 3 cucharadas de mayonesa de aceite de oliva
- 2 cucharadas de yogur griego
- 1 ½ cucharadas de azúcar, o más al gusto
- 1 cucharada de vinagre de sidra de manzana
- 1 cucharada de semillas de amapola
- 2 cucharadas de aceite de oliva

Ensalada
- Calabaza moscada de 16 onzas, cortada en trozos de 1 pulgada
- 16 onzas de coles de Bruselas, cortadas por la mitad
- 2 ramitas de tomillo fresco
- 5 hojas de salvia fresca
- Sal kosher y pimienta negra recién molida, al gusto
- 4 huevos medianos
- 4 rebanadas de tocino, cortadas en cubitos
- 8 tazas de col rizada rallada
- 1 ⅓ tazas de arroz salvaje cocido

DIRECCIONES
a) PARA EL ADEREZO: Batir la leche, la mayonesa, el yogur, el azúcar, el vinagre y las semillas de amapola en un tazón pequeño. Cubra y refrigere por hasta 3 días.

b) Precaliente el horno a 400 grados F. Engrase ligeramente una bandeja para hornear o cubra con spray antiadherente.

c) Coloque la calabaza y las coles de Bruselas en la bandeja para hornear preparada. Agregue el aceite de oliva, el tomillo y la salvia y revuelva suavemente para combinar; Condimentar con sal y pimienta. Colocar en una capa

uniforme y hornear, volteando una vez, durante 25 a 30 minutos, hasta que estén tiernos; dejar de lado.
d) Mientras tanto, coloque los huevos en una cacerola grande y cubra con agua fría por 1 pulgada. Llevar a ebullición y cocinar por 1 minuto. Cubra la olla con una tapa que cierre bien y retírela del fuego; deja reposar de 8 a 10 minutos. Escurrir bien y dejar enfriar antes de pelar y rebanar.
e) Caliente una sartén grande a fuego medio-alto. Agregue el tocino y cocine hasta que esté dorado y crujiente, de 6 a 8 minutos; drenar el exceso de grasa. Transfiera a un plato forrado con toallas de papel; dejar de lado.
f) Para armar las ensaladas, coloque la col rizada en recipientes de preparación de comidas; coloque filas de calabaza, coles de Bruselas, tocino, huevo y arroz salvaje encima. Se mantendrá tapado en el refrigerador de 3 a 4 días. Servir con el aderezo de semillas de amapola.

75. Ensalada cobb de coliflor buffalo

INGREDIENTES

- 3-4 tazas de floretes de coliflor
- 1 15 onzas lata de garbanzos, escurridos, enjuagados y secados
- 2 cucharaditas de aceite de aguacate
- ½ cucharadita de pimienta
- ½ cucharadita de sal marina
- ½ taza de salsa de alitas de pollo
- 4 tazas de lechuga romana fresca, picada
- ½ taza de apio, picado
- ¼ taza de cebolla roja, en rodajas
- Aderezo Ranch Cremoso Vegano:
- ½ taza de anacardos crudos, remojados de 3 a 4 horas o toda la noche
- ½ taza de agua fresca
- 2 cucharaditas de eneldo seco
- 1 cucharadita de ajo en polvo
- 1 cucharadita de cebolla en polvo
- ½ cucharadita de sal marina
- pizca de pimienta negra

DIRECCIONES

a) Ponga el horno a 450°F.
b) Agregue la coliflor, los garbanzos, el aceite, la pimienta y la sal en un tazón grande y revuelva para cubrir.
c) Vierta la mezcla en una bandeja para hornear o piedra. Asar durante 20 minutos. Retire la bandeja para hornear del horno, vierta la salsa de búfalo sobre la mezcla y revuelva para cubrir. Ase por otros 10-15 minutos o hasta que los garbanzos estén crujientes y la coliflor esté asada a su gusto. Retire del horno.

d) Agregue los anacardos remojados y escurridos en una licuadora o procesador de alimentos de alta potencia con 1/2 taza de agua, eneldo, ajo en polvo, cebolla en polvo, sal y pimienta. Mezclar hasta que esté suave.
e) Tome dos tazones de ensalada y agregue 2 tazas de lechuga romana picada, 1/4 taza de apio y 1/8 taza de cebolla a cada tazón. Cubra con coliflor de búfalo asada y garbanzos. ¡Rocíe sobre el aderezo y disfrute!

76. <u>Tazones de fuente de grano de col de bruselas y remolacha de tarro de albañil</u>

INGREDIENTES
- 3 remolachas medianas (alrededor de 1 libra)
- 1 cucharada de aceite de oliva
- Sal kosher y pimienta negra recién molida, al gusto
- 1 taza de farro
- 4 tazas de espinacas tiernas o col rizada
- 2 tazas de coles de Bruselas (alrededor de 8 onzas), en rodajas finas
- 3 clementinas, peladas y segmentadas
- $\frac{1}{2}$ taza de pecanas, tostadas
- $\frac{1}{2}$ taza de semillas de granada

Vinagreta de vino tinto miel-Dijon
- $\frac{1}{4}$ taza de aceite de oliva virgen extra
- 2 cucharadas de vinagre de vino tinto
- $\frac{1}{2}$ chalota, picada
- 1 cucharada de miel
- 2 cucharaditas de mostaza integral
- Sal kosher y pimienta negra recién molida, al gusto

DIRECCIONES
a) Precaliente el horno a 400 grados F. Cubra una bandeja para hornear con papel aluminio.
b) Coloque las remolachas en el papel de aluminio, rocíe con aceite de oliva y sazone con sal y pimienta. Dobla los 4 lados del papel aluminio para hacer una bolsa. Hornee hasta que estén tiernos, de 35 a 45 minutos; dejar enfriar, unos 30 minutos.
c) Usando una toalla de papel limpia, frote las remolachas para quitarles la piel; corte en dados del tamaño de un bocado.
d) Cocine el farro según las instrucciones del paquete, luego déjelo enfriar.

e) Divida las remolachas en 4 frascos de vidrio de boca ancha (32 onzas) con tapas. Cubra con espinacas o col rizada, farro, coles de Bruselas, clementinas, nueces y semillas de granada. Se mantendrá tapado en el frigorífico 3 o 4 días.
f) PARA LA VINAGRETA: Batir el aceite de oliva, el vinagre, la chalota, la miel, la mostaza y 1 cucharada de agua; sazone con sal y pimienta al gusto. Cubra y refrigere por hasta 3 días.
g) Para servir, añade la vinagreta a cada tarro y agita. Servir inmediatamente.

77. Ensalada de brócoli en tarro de masón

INGREDIENTES
- 3 cucharadas de leche al 2%
- 2 cucharadas de mayonesa de aceite de oliva
- 2 cucharadas de yogur griego
- 1 cucharada de azúcar, o más al gusto
- 2 cucharaditas de vinagre de sidra de manzana
- $\frac{1}{2}$ taza de anacardos
- $\frac{1}{4}$ taza de arándanos secos
- $\frac{1}{2}$ taza de cebolla roja picada
- 2 onzas de queso cheddar, cortado en cubitos
- 5 tazas de floretes de brócoli picados en trozos grandes

DIRECCIONES
a) PARA EL ADEREZO: Batir la leche, la mayonesa, el yogur, el azúcar y el vinagre en un tazón pequeño.
b) Divida el aderezo en 4 frascos de vidrio de boca ancha (16 onzas) con tapas. Cubra con anacardos, arándanos, cebolla, queso y brócoli. Refrigere hasta por 3 días.
c) Para servir, agitar el contenido de un frasco y servir de inmediato.

78. Ensalada de pollo en tarro de albañil

INGREDIENTES
- 2 ½ tazas de pollo asado desmenuzado sobrante
- ½ taza de yogur griego
- 2 cucharadas de mayonesa de aceite de oliva
- ¼ taza de cebolla roja picada
- 1 tallo de apio, cortado en cubitos
- 1 cucharada de jugo de limón recién exprimido, o más al gusto
- 1 cucharadita de estragón fresco picado
- ½ cucharadita de mostaza Dijon
- ½ cucharadita de ajo en polvo
- Sal kosher y pimienta negra recién molida, al gusto
- 4 tazas de col rizada rallada
- 2 manzanas Granny Smith, sin corazón y picadas
- ½ taza de anacardos
- ½ taza de arándanos secos

DIRECCIONES

a) En un tazón grande, combine el pollo, el yogur, la mayonesa, la cebolla roja, el apio, el jugo de limón, el estragón, la mostaza y el ajo en polvo; sazone con sal y pimienta al gusto.

b) Divida la mezcla de pollo en 4 frascos de vidrio de boca ancha (24 onzas) con tapas. Cubra con col rizada, manzanas, anacardos y arándanos. Refrigere hasta por 3 días.

c) Para servir, agite el contenido de un frasco y sirva inmediatamente.

79. Ensalada china de pollo en tarro de albañil

INGREDIENTES

- ½ taza de vinagre de vino de arroz
- 2 dientes de ajo, prensados
- 1 cucharada de aceite de sésamo
- 1 cucharada de jengibre recién rallado
- 2 cucharaditas de azúcar, o más al gusto
- ½ cucharadita de salsa de soja reducida en sodio
- 2 cebollas verdes, en rodajas finas
- 1 cucharadita de semillas de sésamo
- 2 zanahorias, peladas y ralladas
- 2 tazas de pepino inglés cortado en cubitos
- 2 tazas de repollo morado rallado
- 12 tazas de col rizada picada
- 1 ½ tazas de pollo asado cortado en cubitos sobrante
- 1 taza de tiras de wonton

DIRECCIONES

a) PARA LA VINAGRETA: Batir el vinagre, el ajo, el aceite de sésamo, el jengibre, el azúcar y la salsa de soya en un tazón pequeño. Divida el aderezo en 4 frascos de vidrio de boca ancha (32 onzas) con tapas.

b) Cubra con cebollas verdes, semillas de sésamo, zanahorias, pepino, repollo, col rizada y pollo. Refrigere hasta por 3 días. Guarde las tiras de wonton por separado.

c) Para servir, agitar el contenido de un frasco y agregar las tiras de wonton. Servir inmediatamente.

80. Ensalada niçoise en tarro de albañil

INGREDIENTES
- 2 huevos medianos
- 2 ½ tazas de judías verdes partidas a la mitad
- 3 latas (7 onzas) de atún blanco empacado en agua, escurrido y enjuagado
- ¼ taza de aceite de oliva virgen extra
- 2 cucharadas de vinagre de vino tinto
- 2 cucharadas de cebolla roja picada
- 2 cucharadas de hojas de perejil fresco picado
- 1 cucharada de hojas de estragón frescas picadas
- 1 ½ cucharaditas de mostaza Dijon
- Sal kosher y pimienta negra recién molida, al gusto
- 1 taza de tomates cherry partidos por la mitad
- 4 tazas de lechuga mantecosa desgarrada
- 3 tazas de hojas de rúcula
- 12 aceitunas Kalamata
- 1 limón, cortado en gajos (opcional)

DIRECCIONES
a) Coloque los huevos en una cacerola grande y cubra con agua fría por 1 pulgada. Llevar a ebullición y cocinar por 1 minuto. Cubre la olla con una tapa que cierre bien y retira del fuego; deja reposar de 8 a 10 minutos.

b) Mientras tanto, en una olla grande con agua hirviendo con sal, blanquee las judías verdes hasta que adquieran un color verde brillante, aproximadamente 2 minutos. Escurrir y enfriar en un recipiente con agua helada. Escurrir bien. Escurrir los huevos y dejar enfriar antes de pelar y cortar los huevos por la mitad a lo largo.

c) En un tazón grande, combine el atún, el aceite de oliva, el vinagre, la cebolla, el perejil, el estragón y Dijon hasta que estén combinados; sazone con sal y pimienta al gusto.
d) Divida la mezcla de atún en 4 frascos de vidrio de boca ancha (32 onzas) con tapas. Cubra con judías verdes, huevos, tomates, lechuga mantequilla, rúcula y aceitunas. Refrigere hasta por 3 días.
e) Para servir, agitar el contenido de un frasco. Sirva inmediatamente, con rodajas de limón si lo desea.

81. Tazones de atún picante

INGREDIENTES

- 1 taza de arroz integral de grano largo
- 3 cucharadas de mayonesa de aceite de oliva
- 3 cucharadas de yogur griego
- 1 cucharada de salsa sriracha, o más al gusto
- 1 cucharada de jugo de lima
- 2 cucharaditas de salsa de soja reducida en sodio
- 2 latas (5 onzas) de atún blanco, escurrido y enjuagado
- Sal kosher y pimienta negra recién molida, al gusto
- 2 tazas de col rizada rallada
- 1 cucharada de semillas de sésamo tostadas
- 2 cucharaditas de aceite de sésamo tostado
- 1 ½ tazas de pepino inglés cortado en cubitos
- ½ taza de jengibre en escabeche
- 3 cebollas verdes, en rodajas finas
- ½ taza de nori asado rallado

DIRECCIONES

a) Cocine el arroz según las instrucciones del paquete en 2 tazas de agua en una cacerola mediana; dejar de lado.

b) En un tazón pequeño, mezcle la mayonesa, el yogur, la sriracha, el jugo de lima y la salsa de soya. Vierta 2 cucharadas de la mezcla de mayonesa en un segundo tazón, cubra y refrigere. Revuelva el atún en la mezcla de mayonesa restante y revuelva suavemente para combinar; sazone con sal y pimienta al gusto.

c) En un tazón mediano, combine la col rizada, las semillas de sésamo y el aceite de sésamo; sazone con sal y pimienta al gusto.

d) Divida el arroz en recipientes de preparación de comidas. Cubra con la mezcla de atún, la mezcla de col rizada, el

pepino, el jengibre, las cebollas verdes y el nori. Refrigere hasta por 3 días.
e) Para servir, rocíe con la mezcla de mayonesa.

82. Ensalada de mazorca de bistec

Vinagre balsámico
- 3 cucharadas de aceite de oliva virgen extra
- 4 ½ cucharaditas de vinagre balsámico
- 1 diente de ajo, prensado
- 1 ½ cucharaditas de hojuelas de perejil seco
- ¼ de cucharadita de albahaca seca
- ¼ de cucharadita de orégano seco

Ensalada
- 4 huevos medianos
- 1 cucharada de mantequilla sin sal
- bistec de 12 onzas
- 2 cucharaditas de aceite de oliva
- Sal kosher y pimienta negra recién molida, al gusto
- 8 tazas de espinacas tiernas
- 2 tazas de tomates cherry, cortados a la mitad
- ½ taza de nueces en mitades
- ½ taza de queso feta bajo en grasa desmenuzado

DIRECCIONES

a) PARA LA VINAGRETA BALSÁMICA: mezcle el aceite de oliva, el vinagre balsámico, el azúcar, el ajo, el perejil, la albahaca, el orégano y la mostaza (si se usa) en un tazón mediano. Cubra y refrigere por hasta 3 días.

b) Coloque los huevos en una cacerola grande y cubra con agua fría por 1 pulgada. Llevar a ebullición y cocinar por 1 minuto. Cubra la olla con una tapa que cierre bien y retírela del fuego; deja reposar de 8 a 10 minutos. Escurrir bien y dejar enfriar antes de pelar y rebanar.

c) Derrita la mantequilla en una sartén grande a fuego medio-alto. Usando toallas de papel, seque ambos lados del bistec. Rocíe con el aceite de oliva y sazone con sal y pimienta. Agregue el bistec a la sartén y cocine, volteándolo una vez, hasta que esté cocido al punto deseado, de 3 a 4 minutos por lado para que esté medio cocido. Dejar reposar 10 minutos antes de cortar en trozos pequeños.

d) Para armar las ensaladas, coloque las espinacas en recipientes de preparación de comidas; Cubra con filas dispuestas de bistec, huevos, tomates, nueces y queso feta. Cubra y refrigere por hasta 3 días. Sirve con la vinagreta balsámica o el aderezo deseado.

83. Cuencos nutritivos de camote

INGREDIENTES

- 2 batatas medianas, peladas y cortadas en trozos de 1 pulgada
- 3 cucharadas de aceite de oliva virgen extra, dividido
- ½ cucharadita de pimentón ahumado
- Sal kosher y pimienta negra recién molida, al gusto
- 1 taza de farro
- 1 manojo de col rizada lacinato, rallado
- 1 cucharada de jugo de limón recién exprimido
- 1 taza de repollo rojo rallado
- 1 taza de tomates cherry partidos por la mitad
- ¾ taza de garbanzos crujientes
- 2 aguacates, partidos por la mitad, sin hueso y pelados

DIRECCIONES

a) Precaliente el horno a 400 grados F. Cubra una bandeja para hornear con papel pergamino.

b) Coloque las batatas en la bandeja para hornear preparada. Agregue 1 ½ cucharadas de aceite de oliva y el pimentón, sazone con sal y pimienta, y revuelva suavemente para combinar. Disponga en una sola capa y hornee durante 20 a 25 minutos, volteando una vez, hasta que se pueda perforar fácilmente con un tenedor.

c) Cocine el farro según las instrucciones del paquete; dejar de lado.

d) Combine la col rizada, el jugo de limón y la 1 ½ cucharada restante de aceite de oliva en un tazón mediano. Masajea la col rizada hasta que esté bien combinada y sazona con sal y pimienta al gusto.

e) Divida farro en recipientes de preparación de comida. Cubra con batatas, repollo, tomates y garbanzos crujientes. Refrigere hasta por 3 días. Servir con el aguacate.

84. Tazones de buda de pollo tailandés

INGREDIENTES

Salsa picante de maní
- 3 cucharadas de mantequilla de maní cremosa
- 2 cucharadas de jugo de lima recién exprimido
- 1 cucharada de salsa de soja reducida en sodio
- 2 cucharaditas de azúcar moreno oscuro
- 2 cucharaditas de sambal oelek (pasta de chile fresco molido)

Ensalada
- 1 taza de farro
- ¼ taza de caldo de pollo
- 1 ½ cucharadas de sambal oelek (pasta de chile fresco molido)
- 1 cucharada de azúcar moreno claro
- 1 cucharada de jugo de lima recién exprimido
- 1 libra de pechugas de pollo deshuesadas y sin piel, cortadas en trozos de 1 pulgada
- 1 cucharada de maicena
- 1 cucharada de salsa de pescado
- 1 cucharada de aceite de oliva
- 2 dientes de ajo, picados
- 1 chalota, picada
- 1 cucharada de jengibre recién rallado
- Sal kosher y pimienta negra recién molida, al gusto
- 2 tazas de col rizada rallada
- 1 ½ tazas de col morada rallada
- 1 taza de brotes de soja
- 2 zanahorias, peladas y ralladas
- ½ taza de hojas de cilantro fresco
- ¼ taza de maní tostado

DIRECCIONES

a) PARA LA SALSA DE MANÍ: mezcle la mantequilla de maní, el jugo de lima, la salsa de soya, el azúcar morena, el sambal oelek y 2 o 3 cucharadas de agua en un tazón pequeño. Cubra y refrigere por hasta 3 días.

b) Cocine el farro según las instrucciones del paquete; dejar de lado.

c) Mientras se cocina el farro, en un tazón pequeño, mezcle el caldo, el sambal oelek, el azúcar moreno y el jugo de lima; dejar de lado.

d) En un tazón grande, combine el pollo, la maicena y la salsa de pescado, revuelva para cubrir y deje que el pollo absorba la maicena durante unos minutos.

e) Caliente el aceite de oliva en una sartén grande a fuego medio. Agregue el pollo y cocine hasta que esté dorado, de 3 a 5 minutos. Agregue el ajo, la chalota y el jengibre y continúe cocinando, revolviendo con frecuencia, hasta que estén fragantes, aproximadamente 2 minutos. Agregue la mezcla de caldo y cocine hasta que espese un poco, aproximadamente 1 minuto. Sazone con sal y pimienta al gusto.

f) Divida el farro en recipientes de preparación de comida. Cubra con pollo, col rizada, repollo, brotes de soja, zanahorias, cilantro y maní. Se mantendrá tapado en el refrigerador de 3 a 4 días. Servir con la salsa picante de maní.

85. Wraps tailandeses de pollo con maní

INGREDIENTES

Salsa de maní al curry de coco
- ¼ taza de leche de coco ligera
- 3 cucharadas de mantequilla de maní cremosa
- 1 ½ cucharadas de vinagre de vino de arroz sazonado
- 1 cucharada de salsa de soja reducida en sodio
- 2 cucharaditas de azúcar moreno oscuro
- 1 cucharadita de salsa de chile y ajo
- ¼ de cucharadita de curry amarillo en polvo

Envolver
- 2 ½ tazas de pollo asado picado sobrante
- 2 tazas de repollo Napa rallado
- 1 taza de pimiento rojo en rodajas finas
- 2 zanahorias, peladas y cortadas en palitos
- 1 ½ cucharadas de jugo de lima recién exprimido
- 1 cucharada de mayonesa de aceite de oliva
- Sal kosher y pimienta negra recién molida, al gusto
- 3 onzas de queso crema bajo en grasa, a temperatura ambiente
- 1 cucharadita de jengibre recién rallado
- 4 tortillas enrolladas de tomates secados al sol (8 pulgadas)

DIRECCIONES

a) PARA LA SALSA DE MANÍ Y CURRY DE COCO: Batir la leche de coco, la mantequilla de maní, el vinagre de vino de arroz, la salsa de soya, el azúcar moreno, la salsa de chile y ajo y el curry en polvo en un tazón pequeño. Aparta 3 cucharadas para el pollo; refrigere el resto hasta que esté listo para servir.

b) En un tazón grande, combine el pollo y las 3 cucharadas de salsa de maní y revuelva hasta que esté cubierto.

c) En un tazón mediano, combine el repollo, el pimiento, las zanahorias, el jugo de limón y la mayonesa; sazone con sal y pimienta al gusto.
d) En un tazón pequeño, combine el queso crema y el jengibre; sazone con sal y pimienta al gusto.
e) Extienda la mezcla de queso crema uniformemente sobre las tortillas, dejando un borde de 1 pulgada. Cubra con el pollo y la mezcla de repollo. Dobla los lados aproximadamente 1 pulgada, luego enrolla firmemente desde la parte inferior. Se mantendrá tapado en el refrigerador de 3 a 4 días. Sirva cada envoltura con salsa de coco y maní al curry.

86. Molinillos de pavo y espinacas

INGREDIENTES
- 1 rebanada de queso cheddar
- 2 onzas de pechuga de pavo en rodajas finas
- $\frac{1}{2}$ taza de espinacas tiernas
- 1 tortilla de espinacas (8 pulgadas)
- 6 zanahorias pequeñas
- $\frac{1}{4}$ taza de uvas
- 5 rodajas de pepino

DIRECCIONES

a) Coloque el queso, el pavo y las espinacas en el centro de la tortilla. Lleva el borde inferior de la tortilla firmemente sobre la espinaca y dobla los lados. Enrolle hasta llegar a la parte superior de la tortilla. Cortar en 6 molinetes.

b) Coloque los molinetes, las zanahorias, las uvas y las rodajas de pepino en un recipiente de preparación de comidas. Se mantiene tapado en el refrigerador por 2 a 3 días.

87. Ensalada de tacos de pavo

INGREDIENTES
- 1 cucharada de aceite de oliva
- 1 ½ libras de pavo molido
- 1 paquete (1.25 onzas) de condimento para tacos
- 8 tazas de lechuga romana rallada
- ½ taza de pico de gallo (casero o comprado)
- ½ taza de yogur griego
- ½ taza de mezcla de quesos mexicanos rallados
- 1 lima, cortada en gajos

DIRECCIONES
a) Caliente el aceite de oliva en una sartén grande a fuego medio-alto. Agregue el pavo molido y cocine hasta que se dore, de 3 a 5 minutos, asegurándose de desmenuzar la carne mientras se cocina; agregue el condimento para tacos. Escurrir el exceso de grasa.

b) Coloque la lechuga romana en bolsas para sándwich. Coloque el pico de gallo, el yogur y el queso en vasos Jell-O-shot de 2 onzas separados con tapas. Póngalo todo (el pavo, la lechuga romana, el pico de gallo, el yogur, el queso y las rodajas de lima) en recipientes para preparar comidas.

88. Ensalada de tarro de albañil muy verde

INGREDIENTES
- ¾ taza de cebada perlada
- 1 taza de hojas de albahaca fresca
- ¾ taza de yogur griego al 2%
- 2 cebollas verdes, picadas
- 1 ½ cucharadas de jugo de lima recién exprimido
- 1 diente de ajo, pelado
- Sal kosher y pimienta negra recién molida, al gusto
- ½ pepino inglés, picado en trozos grandes
- 1 libra (4 pequeños) de calabacín, en espiral
- 4 tazas de col rizada rallada
- 1 taza de guisantes verdes congelados, descongelados
- ½ taza de queso feta bajo en grasa desmenuzado
- ½ taza de brotes de guisantes
- 1 lima, cortada en gajos (opcional)

DIRECCIONES
a) Cocine la cebada según las instrucciones del paquete; dejar enfriar por completo y reservar.
b) Para hacer el aderezo, combine la albahaca, el yogur, las cebollas verdes, el jugo de lima y el ajo en el tazón de un procesador de alimentos y sazone con sal y pimienta. Pulse hasta que quede suave, alrededor de 30 segundos a 1 minuto.
c) Divida el aderezo en 4 frascos de vidrio de boca ancha (32 onzas) con tapas. Cubra con pepino, fideos de calabacín, cebada, col rizada, guisantes, queso feta y brotes de guisantes. Refrigere hasta por 3 días.
d) Para servir, agitar el contenido en un frasco. Sirva inmediatamente, con rodajas de lima, si lo desea.

89. Tazones de rollitos de primavera de calabacín

INGREDIENTES

- 3 cucharadas de mantequilla de maní cremosa
- 2 cucharadas de jugo de lima recién exprimido
- 1 cucharada de salsa de soja reducida en sodio
- 2 cucharaditas de azúcar moreno oscuro
- 2 cucharaditas de sambal oelek (pasta de chile fresco molido)
- 1 libra de camarones medianos, pelados y desvenados
- 4 calabacines medianos, en espiral
- 2 zanahorias grandes, peladas y ralladas
- 2 tazas de repollo morado rallado
- ⅓ taza de hojas de cilantro fresco
- ⅓ taza de hojas de albahaca
- ¼ taza de hojas de menta
- ¼ taza de maní tostado picado

DIRECCIONES

a) PARA LA SALSA DE MANÍ: mezcle la mantequilla de maní, el jugo de lima, la salsa de soya, el azúcar morena, el sambal oelek y 2 o 3 cucharadas de agua en un tazón pequeño. Refrigere por hasta 3 días, hasta que esté listo para servir.

b) En una olla grande con agua hirviendo con sal, cocine los camarones hasta que estén rosados, aproximadamente 3 minutos. Escurrir y enfriar en un recipiente con agua helada. Escurrir bien.

c) Divida el calabacín en recipientes de preparación de comidas. Cubra con camarones, zanahorias, repollo, cilantro, albahaca, menta y maní. Se mantendrá tapado en el refrigerador de 3 a 4 días. Servir con la salsa picante de maní.

ENSALADAS

90. Verduras con chile y lima

PORCIONES:2
TIEMPO TOTAL DE PREPARACIÓN:25 minutos

INGREDIENTES:
- 1 pieza de jengibre
- 1 diente de ajo
- 1 manojo de Bok Choi, en rodajas
- Brotes de soja
- 1 zanahoria, cortada en palitos de fósforo
- 1 cucharadita de caldo de verduras
- 5 cebolletas
- 1 pimiento, cortado en cubitos
- 1/2 calabacín, cortado en cubitos
- 4 floretes de brócoli
- Un puñado de guisantes dulces
- Fideos de soba

Vendaje:
- 1 chile rojo
- Un puñado grande de cilantro
- Zumo de 1 lima

DIRECCIONES:
a) Combine el chile, las hojas de cilantro y el jugo de lima en un mortero. Permitir la infusión en el lado.
b) Corta también los floretes de brócoli en trozos pequeños. Queremos hacer la comida cortada finamente para que se cocine rápidamente.
c) Preparar el caldo con 50 ml de agua y llevar a ebullición en una sartén. Después de un minuto de cocción al vapor, agregue las otras verduras y el ajo y el jengibre.
d) Después de freír al vapor durante tres minutos.

e) Sirva el pollo sobre una cama de fideos soba.
f) Sirva con un aderezo de chile y lima encima.

91. Pasta al limón con brócoli y calabacín

PORCIONES:2
TIEMPO TOTAL DE PREPARACIÓN:10 minutos

INGREDIENTES:
- 1 cabeza de brócoli
- puñado de guisantes
- 2 dientes de ajo
- 2 Porciones de pasta de espelta, cocida
- 1 calabacín
- 1 cucharadita de aceite de coco
- 1 tomate
- Una pizca de sal del Himalaya y pimienta negra al gusto
- 1/2 cebolla roja
- Jugo de 1 limón
- 2 manojos de rúcula
- Chorrito de aceite de oliva

DIRECCIONES:
a) Saltee el brócoli, los guisantes, el ajo, la cebolla roja y el calabacín en aceite de coco.
b) Echar la pasta junto con el tomate picado y la rúcula, y el zumo de limón.

92. Berenjena, Patata & Garbanzo

PORCIONES: 2
TIEMPO TOTAL DE PREPARACIÓN: 10 minutos

INGREDIENTES:
- 1 cebolla, pelada y en rodajas finas
- 1 cucharadita de cilantro
- 1 berenjena
- 1 patata
- 2 cucharadas de aceite de coco
- 1/2 cucharaditas de comino
- 1 lata de garbanzos
- 1/4 cucharaditas de cúrcuma
- Cilantro fresco

SALSA:
- 1 cebolla, pelada y en rodajas finas
- 2 cucharaditas de jengibre, pelado y rallado
- 6 dientes enteros
- 450 g de tomates ciruela
- 1/4 cucharaditas de cúrcuma
- 2 cucharadas de aceite de coco
- 3 dientes de ajo, machacados
- 1/2 cucharaditas de cilantro molido
- 1/2 cucharaditas de comino molido
- 1 1/2 cucharaditas de sal
- 1 cucharadita de chile rojo en polvo, al gusto

DIRECCIONES:
a) Saltee la cebolla y las semillas de comino durante 3 minutos.
b) Añadir la patata, la berenjena, los garbanzos, el cilantro molido, el comino y la cúrcuma.

c) Cocine la cebolla, el ajo, el jengibre y los clavos durante sesenta segundos y luego agregue los tomates picados, la cúrcuma y otras especias.
d) Bate las salsas con una batidora de mano hasta que se mezclen aproximadamente. Después de eso, agregue las verduras, el cilantro, el agua, la sal y la pimienta al gusto.
e) Termine con una pizca de cilantro fresco y sirva.

93. Ensalada de col rizada y aderezo cremoso

PORCIONES:2
TIEMPO TOTAL DE PREPARACIÓN:15 minutos

INGREDIENTES:
- 1/3 taza de semillas de sésamo
- 1 pimiento
- 1/3 taza de semillas de girasol
- 1 cebolla roja
- 1 manojo de col rizada
- 4 tazas de repollo morado, rallado
- 1 trozo de raíz de jengibre
- Cilantro fresco
- 1 porción de aderezo de marañón

DIRECCIONES:
a) Mezcle todos los ingredientes juntos.

94. Bruselas, zanahoria y verduras

PORCIONES:2
TIEMPO TOTAL DE PREPARACIÓN:15 minutos

INGREDIENTES:
- 1 brócoli
- 2 zanahorias, en rodajas finas
- 6 coles de bruselas
- 2 dientes de ajo
- 1 cucharadita de semillas de alcaravea
- 1/2 limón
- Pelar 1 limón Aceite de oliva

DIRECCIONES:
a) Cocine al vapor todas las verduras durante 5-8 minutos a fuego lento.
b) Saltee el ajo con semillas de alcaravea, cáscara de limón, jugo de 1/2 limón y aceite de oliva.
c) Agregue la zanahoria y las coles de Bruselas.

95. Fritura De Coliflor Y Brócoli

PORCIONES:2
TIEMPO TOTAL DE PREPARACIÓN:20 minutos

INGREDIENTES:
- 4 floretes de brócoli
- 4 floretes de coliflor
- 1 pimiento
- un puñado de brotes variados
- 3 cebolletas
- 1 diente de ajo picado Liquid Aminos
- Arroz salvaje/integral

DIRECCIONES:
a) Cuece el arroz en un caldo de verduras sin levadura.
b) Freír el ajo y la cebolla en una vaporera durante tres minutos.
c) Agregue los ingredientes restantes y cocine a fuego lento durante unos minutos más.

96. Pasta de espárragos y calabacín

PORCIONES:4
TIEMPO TOTAL DE PREPARACIÓN:20 minutos

INGREDIENTES:
- 4 tomates, cortados en cubitos
- 1 calabacín
- 1/2 cebolla roja, picada
- 1 manojo de espárragos, al vapor
- 200g de rúcula
- 12 hojas de albahaca
- 2 dientes de ajo
- 4 porciones de pasta de espelta cocida
- Aceite de oliva

DIRECCIONES:
a) Combine la cebolla y los tomates con puñados de rúcula y espárragos y reserve.
b) Licúa los ingredientes restantes hasta que se forme una salsa suave de color verde claro.
c) Mezcle la pasta con la salsa, divídala en tazones y cubra con el tomate, la cebolla roja, los espárragos y la rúcula.

97. Tomates Rellenos De Vegetales

PORCIONES:2
TIEMPO TOTAL DE PREPARACIÓN:30 minutos

INGREDIENTES:
- 1 cucharada de aceite prensado en frío
- 2 tomates
- Media berenjena pequeña
- 1 cebolla
- 1/3 de calabacín
- 1-2 dientes de ajo
- Una pizca de sal marina y pimienta
- 1 manojo de hojas de espinacas frescas

DIRECCIONES:
a) Precaliente el horno a 160 grados Celsius (325 grados Fahrenheit).
b) Combine las verduras con espinacas, sal y pimienta, luego rocíe con el aceite.
c) Después de eso, coloque los tomates encima y saque el centro. Combine la pieza del medio con el resto de la mezcla y revuelva bien.
d) Ahora debes colocar cuidadosamente todo de nuevo en los tomates.
e) Pon los tomates en una cacerola grande con unos 80 ml de agua y cúbrela con una tapa una vez que estés seguro de que no hay nada más que pueda caber en ellos.
f) Hornear durante 18 minutos.

98. Ratatouille de berenjenas

PORCIONES:4
TIEMPO TOTAL DE PREPARACIÓN:30 minutos

INGREDIENTES:
- 2 manojos de espinacas baby
- 3 berenjenas, en rodajas
- 6 aceitunas negras sin hueso
- 3 calabacines, en rodajas
- 2 pimientos rojos
- 5 tomates, cortados en cubitos
- 3 cucharaditas de hojas de tomillo
- 2 dientes de ajo
- Hojas de albahaca
- Semillas de cilantro
- Rocíe aceite de oliva virgen extra
- Una pizca de sal del Himalaya y pimienta negra

DIRECCIONES:
a) Retire la piel y corte en dados los calabacines y las berenjenas para que coincidan.
b) En una sartén, caliente un poco de aceite de oliva o de coco y saltee lentamente un bulbo de ajo.
c) Colocar la berenjena en un colador y presionar con papel de cocina para eliminar el exceso de aceite después de cocerla toda de golpe.
d) Caliente más aceite, luego agregue el calabacín y el otro ajo.
e) Combine los ingredientes restantes en una sartén grande y caliente durante 3 minutos.

99. Champiñones y espinacas

PORCIONES:2
TIEMPO TOTAL DE PREPARACIÓN:15 minutos
TIEMPO TOTAL DE COCCIÓN:15 minutos

INGREDIENTES:
- 1 cucharadita de aceite de coco
- 5-6 champiñones, en rodajas
- 2 cucharadas de aceite de oliva
- ½ cebolla roja, en rodajas
- 1 diente de ajo, picado
- ½ cucharadita de ralladura de limón fresco, finamente rallado
- ¼ taza de tomates cherry, en rodajas
- Una pizca de nuez moscada molida
- 3 tazas de espinacas frescas, ralladas
- ½ cucharadas de jugo de limón fresco
- Pizca de sal
- Una pizca de pimienta negra molida

DIRECCIONES:
a) Calienta el aceite de coco y saltea los champiñones durante unos 4 minutos.
b) Calienta el aceite de oliva y cocina la cebolla durante unos 3 minutos.
c) Agregue el ajo, la ralladura de limón y los tomates, la sal y la pimienta negra y cocine durante unos 2-3 minutos, triturando ligeramente los tomates con una espátula.
d) Cocine durante unos 2-3 minutos después de agregar las espinacas.
e) Agregue los champiñones y el jugo de limón y retire del fuego.

100. Espinacas cítricas con pimienta negra

PORCIONES: 4
TIEMPO TOTAL DE PREPARACIÓN: 10 minutos
TIEMPO TOTAL DE COCCIÓN: 7 minutos

INGREDIENTES:
- 2 cucharadas de aceite de oliva (virgen extra)
- 2 dientes de ajo, machacados
- jugo de 1 naranja
- ralladura de 1 naranja
- 3 tazas de espinacas tiernas frescas
- 1 cucharadita de sal marina
- $\frac{1}{8}$ cucharadita de pimienta negra, recién molida

DIRECCIONES:
a) Caliente el aceite de oliva en una sartén a fuego alto hasta que comience a hervir.
b) Cocine, revolviendo periódicamente, durante 3 minutos después de agregar las espinacas y el ajo.
c) Agregue jugo de naranja, ralladura de naranja, sal y pimienta.
d) Cocine, revolviendo constantemente hasta que los jugos se hayan evaporado, aproximadamente 4 minutos.

CONCLUSIÓN

Hay muchos platos regionales deliciosos en Corea y América, cada uno de los cuales es un tributo a la generosidad de la tierra y el mar circundantes. Desde fideos picantes y guisos de costillas hasta sabrosa panceta de cerdo y mucho banchan, encontrará platos y tazones llenos de arroz, verduras, mariscos y todo lo fermentado. Si eres nuevo en la cocina coreano-estadounidense y buscas un lugar para comenzar, te recomendamos estas recetas. Algunos son auténticos y otros están inspirados, pero todos comparten una cosa en común: la creencia generalizada de que cuando comes bien, estás bien.